U0829253

乡村振兴法律指导丛书

农民工权益保护
一本通

舒丹/著

中国法制出版社
CHINA LEGAL PUBLISHING HOUSE

前言

Preface

2018年中央一号文件《中共中央 国务院关于实施乡村振兴战略的意见》提出，要建设法治乡村。坚持法治为本，树立依法治理理念，强化法律在维护农民权益、规范市场运行、农业支持保护、生态环境治理、化解农村社会矛盾等方面的权威地位。增强基层干部法治观念、法治为民意识，将政府涉农各项工作纳入法治化轨道。深入推进综合行政执法改革向基层延伸，创新监管方式，推动执法队伍整合、执法力量下沉，提高执法能力和水平。建立健全乡村调解、县市仲裁、司法保障的农村土地承包经营纠纷调处机制。加大农村普法力度，提高农民法治素养，引导广大农民增强遵法学法守法用法意识。健全农村公共法律服务体系，加强对农民的法律援助和司法救助。

2021年《中共中央 国务院关于全面推进乡村振兴加快农业农村现代化的意见》提出，要加强党的农村基层组织建设和乡村治理。创建民主法治示范村，培育农村学法用法示范户。加强乡村人民调解组织队伍建设，推动就地化解矛盾纠纷。

为了响应中央建设法治乡村、民主法治示范村的号召，我们特意编写了这套《乡村振兴法治建设指导丛书》。本套丛书选取农民日常生活中经常遇到的法律问题，旨在维护广大农民朋友的合法权益、提高广大农民朋友的法律意识。

综合看来，本套丛书有以下特色：

一、问答解法，通俗易懂。本套丛书将一条条抽象的法律规定以具体的问答形式展开，内容丰富全面，通俗易懂。问答解法能够引起广大读者的思考，在思考中学习更多有用的法律知识，使读者尽快增强法治意识、提高法律素养。

二、法律依据，有理有据。本套丛书每一个问答后面都附有法律依据。读者在阅读中，可迅速查找相关问题的法律规定，为自己的思考提供法律依据。读者朴素的正义感在法律的支撑下，将变得有理、有据。

三、以案释法，简单实用。本套丛书精选生活中常见和实用的典型案例，并且多是现实中真实的案例，生动地分析了案例中蕴藏的法律常识，是广大读者朋友解决日常纠纷的实用好帮手。

编　者

2021 年 3 月

目 录
Contents

CHAPTER

第一章

劳动合同的签订、履行与解除

农民工是我国改革开放和工业化、城镇化进程中涌现的一支新型劳动大军。他们的户籍仍在农村，主要从事非农产业，有的在农闲季节外出务工，亦工亦农，流动性强，有的长期在城市就业，已成为产业工人的重要组成部分。近年来，党和国家高度重视农民工问题，制定了一系列保障农民工权益和改善农民工就业环境的政策措施，各地区、各部门做了大量工作，取得了明显成效。但农民工面临的问题仍然十分突出。在现实层面，他们的权益时常得不到保障，尤其是在劳动权益上。从劳动合同方面看，部分用人单位不按《劳动合同法》的规定与农民工签订劳动合同，或者劳动合同到期后不及时续签；部分已签订的劳动合同也存在许多“不平等”和“不合理”的内容和条款，比如一些从事建筑、采矿等危险行业的用人单位私下与农民工签订“事故责任自负”的“生死合同”。劳动合同是劳动者的重要保障，因此，保障权益要从签好劳动合同开始。

1 什么是劳动合同？

劳动合同是一种协议，它是劳动者与用人单位之间确立劳动关系，明确双方权利和义务的协议。实践中对于劳动合同的称呼多种多样，如劳动协议、就业协议、聘用合同等。但是这些称呼并无本质不同，实质上都是劳动合同，均依法具有一定效力。

一般而言，劳动合同双方主体，一方必须是具有劳动权利能力和劳动行为能力的自然人本人；另一方必须是用人单位。按照《劳动合同法》的规定，用人单位主要指我国境内的企业、个体经济组织、民办非企业单位、依法成立的会计师事务所、律师事务所等合伙组织和基金会等组织。劳动合同的当事人之间存在着职业上的从属关系，即作为劳动合同一方当事人的劳动者，在订立劳动合同后，成为另一方当事人企业等用人单位的一员，用人单位有权指派劳动者完成劳动合同规定的属于劳动者劳动职责范围内的任何任务。根据签订的劳动合同，劳动者有义务完成工作任务，遵守本单位内部的劳动规章制度，用人单位有义务按照劳动者劳动数量和质量支付劳动报酬。劳动者有权享受法律、法规规定及劳动合同约定的社会保险和福利待遇，用人单位有义务提供劳动法律、法规规定及劳动合同约定的劳动保护条件等。

依据：《劳动合同法》第2条；《劳动合同法实施条例》第3条

2 劳动合同应当何时订立？

《劳动合同法》第10条中规定：“建立劳动关系，应当订立书面劳动合同。已建立劳动关系，未同时订立书面劳动合同的，应当自用工之日起一个月内订立书面劳动合同……”

由此可见，《劳动合同法》对签订劳动合同的时间做了明确的界定，自用工之日起一个月内必须订立劳动合同。需要注意的是，《劳动合同法》出台之前的《劳动法》没有规定订立劳动合同的具体时间，而仅仅在第98条规定了故意拖延不订立劳动合同的法律责任——由劳动行政部门责令改正和造成损害应予赔偿。而有些地方性法规规定了订立劳动合同的时间，如2003年的《江苏省劳动合同条例》就规定“劳动合同应当在劳动者第一个工作日之前以书面形式订立”。但在《劳动合同法》出台后，劳动合同的订立时间不仅确定了，同时也统一了。另外，《劳动合同法》还大大加重了迟延订立劳动合同的法律责任。根据《劳动合同法》第82条和第14条第3款的规定，若用人单位自用工之日起超过一个月不满一年未与劳动者订立书面劳动合同的，应当向劳动者每月支付二倍的工资；若用人单位自用工之日起满一年不与劳动者订立书面劳动合同的，则视为用人单位与劳动者已订立无固定期限劳动合同，这便意味着只要不出现法定的可以解除劳动合同的情况，用人单位与劳动者的劳动关系就应存续至劳动者退休为止。另外，根据《劳动合同法》第41条的规定，在裁减人员时，订立无固定期限劳动合同的劳动者有优先留用权。由此可见，劳动合同的订立时间必须引起劳动者的高度重视。

依据：《劳动合同法》第10、14、41、82条

3 怎样证明劳动者与用人单位之间存在劳动关系?

首先，书面劳动合同是判断劳动关系的基本标准。根据《劳动法》第16条的规定，建立劳动关系应当订立劳动合同。根据《劳

动合同法》第10条的规定："建立劳动关系，应当订立书面劳动合同。已建立劳动关系，未同时订立书面劳动合同的，应当自用工之日起一个月内订立书面劳动合同。用人单位与劳动者在用工前订立劳动合同的，劳动关系自用工之日起建立。"

订立书面劳动合同的时间不同，劳动关系建立也存在不同情形：

一是劳动关系和劳动合同同时成立。即用人单位招用劳动者后按照法律规定签订劳动合同，这意味着劳动关系同时成立。

二是劳动关系的建立早于劳动合同。即用人单位在用工后并未立即与劳动者签订劳动合同，但在用工一个月内订立书面劳动合同的，劳动关系应在用工之日起就建立，而不是签订劳动合同之日。

三是劳动合同早于劳动关系的建立。即用人单位在用工前就与劳动者订立了劳动合同，但是这时签订的劳动合同并不代表劳动关系的成立，因为双方并未按照劳动合同开始履行双方权利和义务，劳动关系应当从用工之日建立。

其次，劳动者与用人单位没有签订书面劳动合同的，劳动者可以出具相关证据来证明双方实际存在劳动关系，从而实现法律的有效保护。原劳动和社会保障部早在2005年就发布了《关于确立劳动关系有关事项的通知》，此文件中第2条规定："用人单位未与劳动者签订劳动合同，认定双方存在劳动关系时可参照下列凭证：（一）工资支付凭证或记录（职工工资发放花名册）、缴纳各项社会保险费的记录；（二）用人单位向劳动者发放的'工作证''服务证'等能够证明身份的证件；（三）劳动者填写的用人单位招工招聘'登记表''报名表'等招用记录；（四）考勤记录；（五）其他劳动者的证言等。其中，（一）、（三）、（四）项的有关凭证由用人单位负举证责任。”

依据：《劳动合同法》第10条；《关于确立劳动关系有关事项的通知》

4 劳动合同的订立可以采用哪些形式？

《劳动法》第19条中规定：“劳动合同应当以书面形式订立。”《劳动合同法》第10条第1款中规定：“建立劳动关系，应当订立书面劳动合同。”可见根据法律规定，通常情况下，用人单位与劳动者应当签订书面的劳动合同，通过书面形式明确双方的权利和义务。书面的劳动合同是劳动者维护自身合法权益的有利证据，也是劳动关系成立的重要依据。

另外，在法律有特殊规定下，双方当事人也可以通过其他方式订立劳动合同。比如，《劳动合同法》第69条规定，非全日制用工双方当事人可以订立口头协议。非全日制用工，是指以小时计酬为主，劳动者在同一用人单位一般平均每日工作时间不超过四小时，每周工作时间累计不超过二十四小时的用工形式。其实，从预防劳动争议发生的角度，非全日制劳动者可以向用人单位提出订立书面非全日制劳动合同，明确其工作时间和双方的劳动权利义务。

依据：《劳动合同法》第10、69条

5 不签订书面劳动合同，用人单位应当承担什么法律责任？

即便不订立劳动合同，用人单位和劳动者双方之间仍然可以认定劳动关系，但是对于处于相对弱势地位的劳动者来说，订立书面的劳动合同是有效维护自身利益的依据。从此角度考虑，法律规定用人单位不与劳动者签订书面劳动合同的，用人单位应当支付双倍的工资。根据《劳动合同法》第82条规定："用人单位自用工之日起超过一个月不满一年未与劳动者订立书面劳动合同的，应当向劳动者每月支付二倍的工资。用人单位违反本法规定不与劳动者订立无固定期限劳动合同的，自应当订立无固定期限劳动合同之日起向劳动者每月支付二倍的工资。"

那么如果用人单位在新招录劳动者后，长期不签订书面劳动合同的怎么办呢？根据《劳动合同法》第14条第3款规定："用人单位自用工之日起满一年不与劳动者订立书面劳动合同的，视为用人单位与劳动者已订立无固定期限劳动合同。"另外，《劳动合同法实施条例》第7条进一步明确："用人单位自用工之日起满一年未与劳动者订立书面劳动合同的，自用工之日起满一个月的次日至满一年的前一日应当依照劳动合同法第八十二条的规定向劳动者每月支付两倍的工资，并视为自用工之日起满一年的当日已经与劳动者订立无固定期限劳动合同，应当立即与劳动者补订书面劳动合同。"

依据：《劳动合同法》第82、14条；《劳动合同法实施条例》第7条

6 劳动合同必须具备哪些条款？

劳动合同必须具备的条款就是指法律规定的必备条款。只有完全具备这些条款，劳动合同才可依法成立。根据《劳动合同法》第17条第1款规定："劳动合同应当具备以下条款：（一）用人单位的名称、住所和法定代表人或者主要负责人；（二）劳动者的姓名、住址和居民身份证或者其他有效身份证件号码；（三）劳动合同期限；（四）工作内容和工作地点；（五）工作时间和休息休假；（六）劳动报酬；（七）社会保险；（八）劳动保护、劳动条件和职业危害

防护；（九）法律、法规规定应当纳入劳动合同的其他事项。”

如果用人单位提供的劳动合同文本没有具备必备条款的，根据《劳动合同法》第81条规定：“用人单位提供的劳动合同文本未载明本法规定的劳动合同必备条款或者用人单位未将劳动合同文本交付劳动者的，由劳动行政部门责令改正；给劳动者造成损害的，应当承担赔偿责任。”

依据：《劳动合同法》第17、81条

7 劳动合同的期限有哪几种？

劳动合同的期限是劳动合同中一项必备的条款。《劳动法》第20条规定：“劳动合同的期限分为有固定期限、无固定期限和以完成一定的工作为期限。”《劳动合同法》第12条规定：“劳动合同分为固定期限劳动合同、无固定期限劳动合同和以完成一定工作任务为期限的劳动合同。”

《劳动合同法》第13条规定：“固定期限劳动合同，是指用人单位与劳动者约定合同终止时间的劳动合同。”固定期限的劳动合同适用范围比较广，对当事人双方来说使用起来比较灵活方便。

《劳动合同法》第14条规定：“无固定期限劳动合同，是指用人单位与劳动者约定无确定终止时间的劳动合同。”无固定期限劳动合同一般适用于技术性和专业性强的行业，对用人单位来说，有利于维护企业的稳定和发展，对劳动者来说，有利于实现稳定的就业。

《劳动合同法》第15条规定：“以完成一定工作任务为期限的劳动合同，是指用人单位与劳动者约定以某项工作的完成为合同期限的劳动合同。”从性质上来说，以完成一定工作任务为期限的合同，算是固定期限劳动合同的特殊形式。

依据：《劳动合同法》第 12－15 条

8　劳动合同必备条款中的工作内容和工作地点如何约定?

工作内容是指劳动者在劳动合同有效期内，所从事的工作岗位（工种）以及生产、经营上应当达到的数量、质量指标或应当完成的任务。它是根据行业、工作性质不同而确立的。劳动合同中没有工作内容的约定，劳动合同就成为不完整的合同，劳动合同就失去了履行的依据，特别容易发生纠纷。

工作地点是指劳动者从事工作岗位的地方，工作地点是劳动合同的一个重要内容。约定了工作地点后，用人单位就不能任意地调整劳动者的工作地点，如需要变动必须经过劳动者的同意，但是如果合同中没有约定工作地点，则对劳动者十分不利，用人单位就可以比较任意地调整劳动者的岗位或地点。

比如，某公司与劳动者在劳动合同中约定：“乙方（劳动者）工作岗位是保洁员，岗位职责为按照公司相关操作规程和保洁标准做好指定区域的卫生清洁工作。乙方的工作地点为公司本部大楼。”

依据：《劳动合同法》第 17 条

9　什么是试用期?是否每次签订劳动合同都有试用期?

试用期是用人单位和劳动者为相互了解、选择而约定的不超过一定期限的考察期间。试用期并非法定条款，劳动者可以不经历。劳动合同中试用期虽然是由双方约定来确定的，但是一般情况下用人单位都会要求定试用期条款。

根据《劳动合同法》第19条第2款规定："同一用人单位与同一劳动者只能约定一次试用期。"这是从范围和次数方面严格限制试用期的使用，保护劳动者的合法权益，防止用人单位通过试用期来利用劳动者提供廉价劳动。

依据：《劳动合同法》第19条

10 劳动者的试用期有多长?

为避免用人单位在签订短期劳动合同时订立较长的试用期，在试用期内降低相关待遇，侵害劳动者的权益，《劳动合同法》第19条第1款对试用期的长短作出了明确规定："劳动合同期限三个月以上不满一年的，试用期不得超过一个月；劳动合同期限一年以上不满三年的，试用期不得超过二个月；三年以上固定期限和无固定期限的劳动合同，试用期不得超过六个月。"而以完成一定工作任务为期限的劳动合同或者劳动合同期限不满三个月的，不得约定试用期。

另外还需要注意，试用期的时间是包含在劳动合同期限之内的。劳动合同仅约定试用期的，试用期不成立，该期限就是劳动合同期限。

依据：《劳动合同法》第19条

11 什么是劳务派遣?

劳务派遣是指有从事劳务派遣资格的派遣单位根据与用工单位的劳务派遣协议，按照用工单位的要求将与自己签订劳动合同的劳动者派遣到用工单位，在用工单位的组织、监督、管理之下从事劳动的一种用工方式。劳务派遣也可以说是劳动合同存在于派遣单位（用人单位）与劳动者之间，但实际劳动行为却发生在劳动者与用工单位之间的一种特殊制度。劳务派遣单位是经人力资源主管行政部门批准，市场监督管理部门注册登记的以提供劳务服务为经营项目的具有独立法人资格的劳务型企业，主要从事安排本企业职工从事社会劳动，并取得劳务收入的行为，包括为居民家庭提供家政服务以及为机关事业单位、社会团体和企业提供劳务服务等。

劳动者需要注意的是，劳务派遣用工只能在临时性、辅助性或者替代性的工作岗位上实施。临时性工作岗位是指存续时间不超过六个月的岗位；辅助性工作岗位是指为主营业务岗位提供服务的非主营业务岗位；替代性工作岗位是指用工单位的劳动者因脱产学习、休假等原因无法工作的一定期间内，可以由其他劳动者替代工作的岗位。

依据：《劳动合同法》第 58 条

12 劳务派遣中签订的劳动合同能否解除？

劳动者与派遣单位之间建立的是劳动关系，因此劳动者可以根据劳动合同法的规定解除劳动关系。根据《劳动合同法》第 65 条第 1 款规定："被派遣劳动者可以依照本法第三十六条、第三十八条的规定与劳务派遣单位解除劳动合同。"

派遣单位也可以根据法律规定和劳动者解除合同，根据《劳动合同法》第 65 条第 2 款规定："被派遣劳动者有本法第三十九条和第四十条第一项、第二项规定情形的，用工单位可以将劳动者退回劳务派遣单位，劳务派遣单位依照本法有关规定，可以与劳动者解除劳动合同。”用工单位和劳动者之间不存在劳动关系，因此用工单位不能向劳动者提出解除劳动合同。

依据：《劳动合同法》第65条

13 什么是非全日制用工？

根据《劳动合同法》第68条规定：“非全日制用工，是指以小时计酬为主，劳动者在同一用人单位一般平均每日工作时间不超过四小时，每周工作时间累计不超过二十四小时的用工形式。”非全日制劳动关系与全日制劳动关系相比有很多不同点，如不需要订立书面劳动合同，不得约定试用期，可以随时终止用工且无须支付经济补偿，最长15天支付一次工资等，但最核心的区别标准是劳动者的工作时间。

另外，《劳动合同法》第69条第2款规定：“从事非全日制用工的劳动者可以与一个或者一个以上用人单位订立劳动合同；但是，后订立的劳动合同不得影响先订立的劳动合同的履行。”这说明，非全日制劳动者可以建立双重劳动关系甚至多重劳动关系，即劳动者可以在甲企业、乙企业甚至丙企业同时做几份小时工。可见，这一用工形式突破了传统的全日制用工模式，适应了用人单位灵活用工和劳动者自主择业的需要，已成为促进就业的重要途径。非全日制用工形式能体现出主体双方在用工和就业上的灵活性，更大程度上满足劳动力市场供需双方的需求，也为职业技能培训提供了培训时间，有利于提高劳动力的整体素质。同时，还需要注意，劳务派遣单位不得以非全日制用工形式招用被派遣劳动者。

依据：《劳动合同法》第68、69条

14 非全日制用工的劳动合同应该怎样签订?

用人单位与非全日制劳动者建立劳动关系，应当订立劳动合同。劳动合同的订立可以根据不同的情形采取不同的方式。

(1) 非全日制工的劳动合同最好还是以书面形式订立。经双方协商同意，可以订立口头劳动合同。但劳动者提出订立书面劳动合同的，应当以书面形式订立。

(2) 劳动者通过依法成立的劳务派遣单位为其他单位、家庭或个人提供非全日制劳动的，由劳务派遣单位与非全日制劳动者签订劳动合同。

(3) 按照2003年原劳动部公布的《关于非全日制用工若干问题的意见》，用人单位招用劳动者从事非全日制工作，应当在录用后到当地人力资源主管部门办理录用手续。

依据：《劳动合同法》第69条；《劳动和社会保障部关于非全日制用工若干问题的意见》

15 什么是劳动合同的变更?

劳动合同的变更是指劳动合同订立时所依据的客观情况发生变化，致使某些条款内容无法继续履行，经双方当事人协商一致调整劳动合同部分内容的法律行为。

根据《劳动合同法》第35条的规定，用人单位与劳动者协商一致，可以变更劳动合同约定的内容。变更劳动合同，应当采用书面形式。变更后的劳动合同文本由用人单位和劳动者各执一份。

依据：《劳动合同法》第35条；《最高人民法院关于审理劳动争议案件适用法律问题的解释（一）》第43条

16 劳动合同期内用人单位可以变更劳动者工作岗位吗？

《劳动合同法》第35条第1款规定："用人单位与劳动者协商一致，可以变更劳动合同约定的内容。变更劳动合同，应当采用书面形式。"由此可见，一般情况下用人单位不得单方决定变更劳动者工作岗位，因为这种变更构成劳动合同的变更，原则上需要通过协商。但是根据《劳动合同法》第40条的规定，劳动者不能胜任工作，经过培训或者调整工作岗位，仍不能胜任工作的情形下，用人单位有单方解除劳动合同权。这也就意味着在劳动者不能胜任原岗位的情况下，用人单位有权调整其工作岗位。

另外，根据《劳动合同法》第40条的规定，劳动合同订立时所依据的客观情况发生重大变化，致使劳动合同无法履行，经用人单位与劳动者协商，未能就变更劳动合同内容达成协议的，用人单位在提前三十日以书面形式通知劳动者本人或者额外支付劳动者一个月工资后，可以解除劳动合同。由此可以确定，劳动合同订立时所依据的客观情况发生重大变化，是劳动合同变更的一个重要事由。所谓"劳动合同订立时所依据的客观情况发生重大变化"，既包括订立劳动合同所依据的法律、法规已经修改或者废止的情形，也包括用人单位决定转产、调整生产任务或者生产经营项目等情形，还包括劳动者的身体健康状况发生变化、劳动能力部分丧失、所在岗位与其职业技能不相适应等情形。这些情形下都有可能需要用人单位调整劳动者的工作岗位。但是必须注意的是：在"客观情况发生重大变化”的情形下，用人单位并无权单方决定变更劳动合同，还是需要与劳动者协商一致。

依据：《劳动合同法》第35、40条

17 用人单位哪些事项的变更不影响劳动合同的履行？

根据《劳动合同法》第33条规定：“用人单位变更名称、法定代表人、主要负责人或者投资人等事项，不影响劳动合同的履行。”依法改变用人单位的名称是当事人依法享有的权利，改变名称后用人单位作为劳动合同主体的地位并未改变，因此它不影响劳动合同的履行。法定代表人或者投资人、注册、登记备案等事项，只要不影响到用人单位作为一个独立的用工实体的存在，用人单位就应该按照劳动合同的约定继续履行，禁止用人单位以上列事项的变更来拒绝劳动合同的履行。

依据：《劳动合同法》第33条

18 什么是劳动合同的解除？

按照原劳动部《关于贯彻执行〈中华人民共和国劳动法〉若干问题的意见》第26条的规定：“劳动合同的解除是指劳动合同订立后，尚未全部履行以前，由于某种原因导致劳动合同一方或双方当事人提前消灭劳动关系的法律行为。劳动合同的解除分为法定解除和约定解除两种。根据劳动法的规定，劳动合同既可以由单方依法解除，也可以双方协商解除。劳动合同的解除，只对未履行的部分发生效力，不涉及已履行的部分。”

要注意法律上所指的解除与终止劳动合同是有区别的，最重要的区别是：劳动合同是否到期。劳动合同没有到期，是解除劳动合同；劳动合同到期，是终止劳动合同。

依据：《关于贯彻执行〈中华人民共和国劳动法〉若干问题的意见》第26条

19 什么是协商解除劳动合同？

协商解除劳动合同是指双方当事人在自愿的基础上，通过协商一致在合同期限内结束劳动关系的法律行为。它包括两种情况：一种是用人单位提出协商解除劳动合同，另一种是劳动者提出协商解除劳动合同。

根据《劳动法》第24条规定："经劳动合同当事人协商一致，劳动合同可以解除。"《劳动合同法》第36条也规定："用人单位与劳动者协商一致，可以解除劳动合同。"

实践中，很多用人单位更愿意选择通过协商的方式与劳动者解除劳动合同关系。一方面，协商解除可以避免矛盾激化而对簿公堂；另一方面，可以控制劳动者离职对用人单位管理带来的负面影响。但必须注意，有效的协商解除也要满足一般的民事法律规定，比如行为人具有相应的民事行为能力、意思表示真实、不违反法律或者社会公共利益。

依据：《劳动法》第24条；《劳动合同法》第36条

20 协商解除劳动合同，用人单位是否应给予经济补偿？

《劳动合同法》第46条第2项规定，用人单位依照《劳动合同法》第36条规定向劳动者提出解除劳动合同并与劳动者协商一致解除劳动合同的，用人单位应当向劳动者支付经济补偿。

这里注意，如果是用人单位提出并和劳动者协商一致解除劳动合同的，用人单位应当向劳动者支付经济补偿，但如果是劳动者主动提出和用人单位协商一致解除劳动合同，用人单位可以不支付经济补偿。

依据：《劳动合同法》第46条

21 在哪些情况下劳动者可以随时解除劳动合同？

根据《劳动合同法》第38条第1款规定："用人单位有下列情形之一的，劳动者可以解除劳动合同：（一）未按照劳动合同约定提供劳动保护或者劳动条件的；（二）未及时足额支付劳动报酬的；（三）未依法为劳动者缴纳社会保险费的；（四）用人单位的规章制度违反法律、法规的规定，损害劳动者权益的；（五）因本法第二十六条第一款规定的情形致使劳动合同无效的；（六）法律、行政法规规定劳动者可以解除劳动合同的其他情形。"

可见，在劳动者遭受用人单位上述侵害时，不需要提前30天通知用人单位，就可以提出解除劳动合同。

依据：《劳动合同法》第38条

22 哪些情形下，劳动者可以通过提前通知来和用人单位解除劳动合同？

一是提前30天通知用人单位解除劳动合同。根据《劳动法》

第 31 条规定："劳动者解除劳动合同，应当提前三十日以书面形式通知用人单位。"同样，《劳动合同法》第 37 条也规定："劳动者提前三十日以书面形式通知用人单位，可以解除劳动合同……"

劳动者提前 30 日书面通知用人单位，30 日期满，双方当事人就可以办理解除合同的手续。根据 1994 年原劳动部办公厅印发的《关于〈劳动法〉若干条文的说明》第 31 条第 2 款指出："本条规定了劳动者的辞职权，除此条规定的程序外，对劳动者行使辞职权不附加任何条件。但违反劳动合同约定者要依法承担责任。"因此，用人单位不能额外设置障碍，规定其他辞职程序。

二是在试用期提前 3 天通知用人单位解除劳动合同。《劳动合同法》第 37 条规定："……劳动者在试用期内提前三日通知用人单位，可以解除劳动合同。"劳动者在试用期解除劳动合同的，需要提前 3 天通知单位，但是这种通知并不限制于书面通知，口头通知用人单位后即可解除劳动合同。

依据：《劳动法》第 31 条；《劳动合同法》第 37 条

23 在哪些情况下劳动者提出解除劳动合同用人单位需要支付经济补偿？

根据《劳动合同法》第 46 条规定，劳动者依照《劳动合同法》第 38 条规定解除劳动合同的，即劳动者的合法权益遭到侵害要解除劳动合同的情形时，用人单位要向劳动者支付经济补偿。其他的情形如提前 30 天通知用人单位解除劳动合同或在试用期解除合同的，劳动者则不能享受经济补偿。

依据：《劳动合同法》第 46 条

24 在哪些情况下用人单位可以随时和劳动者解除劳动合同?

根据《劳动合同法》第39条规定:“劳动者有下列情形之一的,用人单位可以解除劳动合同:(一)在试用期间被证明不符合录用条件的;(二)严重违反用人单位的规章制度;(三)严重失职,营私舞弊,给用人单位的利益造成重大损害的;(四)劳动者同时与其他用人单位建立劳动关系,对完成本单位的工作任务造成严重影响,或者经用人单位提出,拒不改正的;(五)因本法第二十六条第一款第一项规定的情形致使劳动合同无效的;(六)被依法追究刑事责任的。”

上述条文中的“重大损害”由企业内部规章来规定。因为企业类型各有不同,对重大损害的界定也千差万别,故法律不便对重大损害作统一解释。若由此发生劳动争议,可以通过劳动争议仲裁委员会对其规章规定的重大损害进行认定。

依据:《劳动合同法》第39条;《最高人民法院关于审理劳动争议案件适用法律问题的解释(一)》第47条

25 在哪些情形下,劳动者没有过失,用人单位也有权解除劳动合同?

根据《劳动合同法》第40条规定:“有下列情形之一的,用人单位提前三十日以书面形式通知劳动者本人或者额外支付劳动者一个月工资后,可以解除劳动合同:(一)劳动者患病或者非因工负伤,在规定的医疗期满后不能从事原工作,也不能从事由用人单位另行安排的工作的；（二）劳动者不能胜任工作，经过培训或者调整工作岗位，仍不能胜任工作的；（三）劳动合同订立时所依据的客观情况发生重大变化，致使劳动合同无法履行，经用人单位与劳动者协商，未能就变更劳动合同内容达成协议的。”

关于本条的理解，参考原劳动部办公厅印发的《关于〈劳动法〉若干条文的说明》中对《劳动法》第26条第2、3、4款的解释的规定，前述第（一）项指劳动者医疗期满后，不能从事原工作的，由原用人单位另行安排适当工作之后，仍不能从事另行安排的工作的，可以解除劳动合同。因此，劳动者患病或者非因工负伤，有权在医疗期内进行治疗和休息，不从事劳动。但在医疗期满后，劳动者就有义务进行劳动。如果劳动者由于身体健康原因不能胜任工作，用人单位有义务为其调动岗位，选择其力所能及的岗位工作。如果劳动者对用人单位重新安排的工作也不能完成，说明劳动者履行合同不能，用人单位可以与其解除劳动合同。

前述第（二）项中的“不能胜任工作”，是指不能按要求完成劳动合同中约定的任务或者同工种、同岗位人员的工作量。用人单位不得故意提高定额标准，使劳动者无法完成。

前述中的“客观情况”是指发生不可抗力或出现致使劳动合同全部或部分条款无法履行的其他情况，如企业迁移、被兼并、企业资产转移等。

依据：《劳动合同法》第40条

26 在哪些情形下，用人单位不能单方解除劳动合同？

根据《劳动合同法》第42条规定：“劳动者有下列情形之一的，

用人单位不得依照本法第四十条、第四十一条的规定解除劳动合同：

（一）从事接触职业病危害作业的劳动者未进行离岗前职业健康检查，或者疑似职业病病人在诊断或者医学观察期间的；（二）在本单位患职业病或者因工负伤并被确认丧失或者部分丧失劳动能力的；（三）患病或者非因工负伤，在规定的医疗期内的；（四）女职工在孕期、产期、哺乳期的；（五）在本单位连续工作满十五年，且距法定退休年龄不足五年的；（六）法律、行政法规规定的其他情形。”

需注意以下两个方面：一是本条禁止的是用人单位单方解除劳动合同，并不禁止劳动者与用人单位协商一致解除劳动合同；二是本条的前提是用人单位不得根据《劳动合同法》第40、41条解除劳动合同，即使劳动者具备了本条规定的六种情形之一，用人单位仍可以根据《劳动合同法》第39条的规定解除。

依据：《劳动合同法》第42条

27 在哪些情形下，依照劳动合同法规定的条件、程序，劳动者可以与用人单位解除固定期限劳动合同、无固定期限劳动合同或者以完成一定工作任务为期限的劳动合同？

有下列情形之一的，依照劳动合同法规定的条件、程序，劳动者可以与用人单位解除固定期限劳动合同、无固定期限劳动合同或者以完成一定工作任务为期限的劳动合同：

（1）劳动者与用人单位协商一致的；

（2）劳动者提前30日以书面形式通知用人单位的；

（3）劳动者在试用期内提前3日通知用人单位的；

（4）用人单位未按照劳动合同约定提供劳动保护或者劳动条件的；

（5）用人单位未及时足额支付劳动报酬的；

（6）用人单位未依法为劳动者缴纳社会保险费的；

（7）用人单位的规章制度违反法律、法规的规定，损害劳动者权益的；

（8）用人单位以欺诈、胁迫的手段或者乘人之危，使劳动者在违背真实意思的情况下订立或者变更劳动合同的；

（9）用人单位在劳动合同中免除自己的法定责任、排除劳动者权利的；

（10）用人单位违反法律、行政法规强制性规定的；

（11）用人单位以暴力、威胁或者非法限制人身自由的手段强迫劳动者劳动的；

（12）用人单位违章指挥、强令冒险作业危及劳动者人身安全的；

（13）法律、行政法规规定劳动者可以解除劳动合同的其他情形。

依据：《劳动合同法实施条例》第18条

28 在哪些情形下，依照劳动合同法规定的条件、程序，用人单位可以与劳动者解除固定期限劳动合同、无固定期限劳动合同或者以完成一定工作任务为期限的劳动合同？

有下列情形之一的，依照劳动合同法规定的条件、程序，用人单位可以与劳动者解除固定期限劳动合同、无固定期限劳动合同或者以完成一定工作任务为期限的劳动合同：

（1）用人单位与劳动者协商一致的；

（2）劳动者在试用期间被证明不符合录用条件的；

（3）劳动者严重违反用人单位的规章制度的；

（4）劳动者严重失职，营私舞弊，给用人单位造成重大损害的；

（5）劳动者同时与其他用人单位建立劳动关系，对完成本单位的工作任务造成严重影响，或者经用人单位提出，拒不改正的；

（6）劳动者以欺诈、胁迫的手段或者乘人之危，使用人单位在违背真实意思的情况下订立或者变更劳动合同的；

（7）劳动者被依法追究刑事责任的；

（8）劳动者患病或者非因工负伤，在规定的医疗期满后不能从事原工作，也不能从事由用人单位另行安排的工作的；

（9）劳动者不能胜任工作，经过培训或者调整工作岗位，仍不能胜任工作的；

（10）劳动合同订立时所依据的客观情况发生重大变化，致使劳动合同无法履行，经用人单位与劳动者协商，未能就变更劳动合同内容达成协议的；

（11）用人单位依照企业破产法规定进行重整的；

（12）用人单位生产经营发生严重困难的；

（13）企业转产、重大技术革新或者经营方式调整，经变更劳动合同后，仍需裁减人员的；

（14）其他因劳动合同订立时所依据的客观经济情况发生重大变化，致使劳动合同无法履行的。

依据：《劳动合同法实施条例》第19条

29 终止劳动合同的，用人单位是否应当支付经济补偿？

在2008年《劳动合同法》颁布之前，终止劳动合同的，用人单位可以不支付经济补偿。但是《劳动合同法》实施后，其规定终止劳动合同时需要支付补偿。

对于终止劳动合同的，用人单位向劳动者支付经济补偿是出于对劳动者弱势地位的保护，但并不是任何终止合同的情形用人单位都需要支付经济补偿。有下列情况之一，终止劳动合同的，劳动者可以得到经济补偿：

一是除用人单位维持或者提高劳动合同约定条件续订劳动合同，劳动者不同意续订的情形外，合同期满后终止固定期限劳动合同的，用人单位应当支付给劳动者经济补偿。

二是用人单位被依法宣告破产的或被吊销营业执照、责令关闭、撤销或者用人单位决定提前解散而终止劳动合同的，用人单位应当支付给劳动者经济补偿。

依据：《劳动合同法》第46条第5、6项

30 经济补偿的支付标准是什么？

《劳动合同法》对于经济补偿的支付规定分为两种情况：一般情况下对于经济补偿的支付按照工作年限，不再有2008年以前的12个月的限制；特殊情况是劳动者工资高于本地区上年度职工月平均工资三倍的情况，在这种情况下支付经济补偿的年限不能超过12年。

根据《劳动合同法》第47条规定："经济补偿按劳动者在本单位工作的年限，每满一年支付一个月工资的标准向劳动者支付。六个月以上不满一年的，按一年计算；不满六个月的，向劳动者支付半个月工资的经济补偿。劳动者月工资高于用人单位所在直辖市、设区的市级人民政府公布的本地区上年度职工月平均工资三倍的，向其支付经济补偿的标准按职工月平均工资三倍的数额支付，向其支付经济补偿的年限最高不超过十二年。本条所称月工资是指劳动者在劳动合同解除或者终止前十二个月的平均工资。"《劳动合同法实施条例》第27条作了进一步明确，月工资按照劳动者应得工资计算，包括计时工资或者计件工资以及奖金、津贴和补贴等货币性收入。劳动者在劳动合同解除或者终止前12个月的平均工资低于当地最低工资标准的，按照当地最低工资标准计算。劳动者工作不满12个月的，按照实际工作的月数计算平均工资。

依据：《劳动合同法》第47条；《劳动合同法实施条例》第27条

31 用人单位违法解除或终止劳动合同，应该承担什么责任？

根据《劳动合同法》第48条规定："用人单位违反本法规定解除或者终止劳动合同，劳动者要求继续履行劳动合同的，用人单位应当继续履行；劳动者不要求继续履行劳动合同或者劳动合同已经不能继续履行的，用人单位应当依照本法第八十七条规定支付赔偿金。"

而《劳动合同法》第87条规定："用人单位违反本法规定解除或者终止劳动合同的，应当依照本法第四十七条规定的经济补偿标准的二倍向劳动者支付赔偿金。"对此，《劳动合同法实施条例》

第25条作了进一步明确，用人单位违反劳动合同法的规定解除或者终止劳动合同，依照《劳动合同法》第87条的规定支付了赔偿金的，不再支付经济补偿。赔偿金的计算年限自用工之日起计算。

依据：《劳动合同法》第48、87条；《劳动合同法实施条例》第25条

32 解除或终止劳动合同后，用人单位和劳动者如何处理相互关系?

根据《劳动合同法》第50条规定："用人单位应当在解除或者终止劳动合同时出具解除或者终止劳动合同的证明，并在十五日内为劳动者办理档案和社会保险关系转移手续。劳动者应当按照双方约定，办理工作交接。用人单位依照本法有关规定应当向劳动者支付经济补偿的，在办结工作交接时支付。用人单位对已经解除或者终止的劳动合同的文本，至少保存二年备查。"

那如果用人单位不依法出具书面证明怎么办？根据《劳动合同法》第89条规定："用人单位违反本法规定未向劳动者出具解除或者终止劳动合同的书面证明，由劳动行政部门责令改正；给劳动者造成损害的，应当承担赔偿责任。"

依据：《劳动合同法》第50、89条

33 什么是无效劳动合同？常见的无效劳动合同有哪几种?

无效劳动合同是指双方当事人所订立的不能发生双方预期的法律后果的，不具有法律效力的劳动合同。无效劳动合同分为全部无

效和部分无效。全部无效的劳动合同是指当事人主体不合法或者劳动合同的必备条款的主要内容不合法。部分无效的劳动合同是指劳动合同的某些内容违法，但其余部分内容合法，且违法部分不影响合法部分的效力。

常见的无效劳动合同有以下几种表现：

一边倒型合同：一些用人单位与劳动者签订劳动合同，实际上却不与劳动者协商合同有关条款，而是片面地从单位利益出发，订立“一边倒合同”。

违法型合同：一些用人单位在招工时，强迫劳动者缴纳集资金、风险金并签订所谓自愿缴纳协议书，企图以书面协议来掩盖行为的违法性。

生死型合同：劳动合同条款中不具备有关社会保险等内容，甚至签订类似“伤亡一切自负”条款。

保证型合同：一些用人单位为威胁劳动者履行自己的义务，在与劳动者签订劳动合同时，让每个劳动者出具一份“保证书”，将一些不合理规则和条件附入合同中，以此来约束劳动者。

抵押型合同：为防止劳动者跳槽，一些用人单位在招用外来劳动人员、签订劳动合同时，将身份证、现金等充作抵押物，甚至扣留其平时应得的福利待遇或工资等，将劳动合同订成“抵押合同”，劳动者如有违约，即将抵押物强行扣留，严重侵害了劳动者的合法权益。

34 如何判定无效劳动合同？

根据《劳动法》第 18 条第 1 款规定：“下列劳动合同无效：（一）违反法律、行政法规的劳动合同；（二）采取欺诈、威胁等手段订立的劳动合同。”

《劳动合同法》第 26 条第 1 款规定：“下列劳动合同无效或者部分无效：（一）以欺诈、胁迫的手段或者乘人之危，使对方在违背真实意思的情况下订立或者变更劳动合同的；（二）用人单位免除自己的法定责任、排除劳动者权利的；（三）违反法律、行政法规强制性规定的。”

对于确定劳动合同效力的标准，劳动法和劳动合同法的规定并不完全一致，《劳动合同法》中增加了“用人单位免除自己的法定责任、排除劳动者权利的”情况，这是因为在现实生活中，不少用人单位存在着在签订劳动合同时，规避法律逃避责任的行为，如用人单位与劳动者订立劳动合同中的违约责任时，只订立劳动者违反劳动合同需要承担的违约责任，而免除自身违反劳动合同的法定责任，这种做法极大地损害了劳动者的合法权益。根据劳动合同法的规定，这种行为可以按照无效劳动合同处理，从而能从根本上保护劳动者的合法权益。

依据：《劳动法》第 18 条；《劳动合同法》第 26 条；《最高人民法院关于审理劳动争议案件适用法律问题的解释（一）》第 41 条

35 用人单位在签订劳动合同时，能否向农民工收取抵押金、风险金？

不能。签订劳动合同应当遵循平等自愿、协商一致的原则，用人单位不得采取欺骗、威胁等手段与农民工签订劳动合同，不得在签订劳动合同时收取抵押金、风险金。

按照《劳动合同法》第 9 条规定，用人单位招用劳动者，不得扣押劳动者的居民身份证和其他证件，不得要求劳动者提供担保或者以其他名义向劳动者收取财物。

依据：《劳动合同法》第9条

典型案例

案例1　用人单位强迫劳动者劳动的，劳动者可否解除与该用人单位的劳动合同？

基本案情

肖某是四川农村的一个女青年，于2016年8月随同亲友来到南方某城市打工，不久被某电子公司录用，并与该电子公司签订了为期1年的劳动合同，双方在劳动合同中约定，电子公司为员工在厂区内提供集体宿舍，员工要严格遵守电子公司的管理制度，服从电子公司的工作安排。

肖某进入电子公司工作以后，公司又规定，每周工作时间为6天，每天工作12个小时。但实际上肖某以及其他员工的工作时间远远超过了12个小时，多数情况下还不能按时下班，几乎每天都要再延长2个小时，甚至每周唯一的休息日也经常被电子公司要求加班，如果不从，电子公司往往以扣工资或者罚款相要挟，甚至规定少加班一个小时将从工资里面扣20元钱，每个月再从工资里面扣除20%的工资作为保证金，而肖某的月工资才2000元。因此，虽然极不情愿，但为了避免拿不到工资，肖某和其他员工只好按照电子公司的要求加班加点。

除了长时间的工作时间之外，电子公司还实行严格的门禁制度。按照电子公司的规定，没有特殊原因，员工不得随便出门，出门必须持有部门主管签字的出门证，而且员工携带的任何物品必须有部门主管的签字并经门卫检查。

肖某实在无法再继续忍受电子公司的工作环境与条件，便向电子公司提出解除劳动合同，并要求支付加班工资，返还被扣的保证金。电子公司拒绝了肖某的要求，并称其违反了公司的管理制度，要对其进行处罚。肖某遂向当地劳动争议仲裁委员会提请仲裁。肖某在仲裁申请书中认为电子公司采取了威胁和限制人身自由的方式强迫其劳动，还经常性地加班，且没有支付加班工资，因此要求解除与电子公司的劳动合同，并要求电子公司支付其加班工资，返还扣除的保证金。

电子公司则认为双方当时签订的劳动合同中已经约定肖某要严格遵守公司的管理制度，服从公司的工作安排，电子公司对肖某加班的要求以及扣除保证金的行为都是经肖某同意的，电子公司不存在任何违法之处，而且肖某在没有履行完劳动合同的情况下提前解除劳动合同，属于违约行为，因此要求肖某继续履行劳动合同。

劳动争议仲裁委员会经调查审理，查明肖某所说属实，遂作出裁决：支持肖某解除劳动合同的要求，电子公司应当支付肖某的加班工资，返还扣除的保证金。电子公司不服仲裁裁决，向区法院提出诉讼，要求肖某继续履行劳动合同。区法院经审理，驳回了电子公司的诉讼请求。

案例解读

根据《劳动合同法》第38条第2款的规定，用人单位以暴力、威胁或者非法限制人身自由的手段强迫劳动者劳动的，或者用人单位违章指挥、强令冒险作业危及劳动者人身安全的，劳动者可以立即解除劳动合同，不需事先告知用人单位。因此，本案的关键之处是查明电子公司有没有强迫劳动者劳动的非法行为。如果电子公司存在违反《劳动合同法》的非法强迫劳动行为，则肖某就可随时解除劳动合同。

所谓强迫劳动，就是用人单位违反劳动法规，以暴力、威胁或者非法限制人身自由的手段强迫劳动者劳动的行为。情节严重的还可能构成刑法上的强迫劳动罪。

根据《劳动合同法》的规定，强迫劳动者劳动主要存在以下几种形式：

（1）采取暴力方式强迫劳动者劳动。所谓暴力，其一般的含义是指猛烈、凶狠、残酷的一种强制力量。在劳动法律关系中，一般指用人单位为了达到强制使用劳动力的目的，直接采用侵害劳动者人身权利、民主权利的强暴手段，迫使劳动者违背自己的意愿从事劳动，如对劳动者实施殴打、捆绑、挟持等行为。

（2）采取威胁方式强迫劳动者劳动。所谓威胁，是指用人单位以口头、书面或其他方法，直接或间接地对劳动者的人身、财产等权利造成损害为要挟，使劳动者精神上处于高度紧张而无法抵抗或者不敢抵抗的状态，强迫劳动者按用人单位的意志从事劳动。如声称要对劳动者给予某种伤害、处罚，扣发工资、奖金等方式，或者威胁对劳动者或其亲属采取某种报复措施等，以此达到要挟劳动者的目的。

（3）采取非法限制人身自由的手段强迫劳动者劳动。所谓非法限制人身自由是指用人单位采用拘留、禁闭或其他强制方法，非法剥夺或限制劳动者按照自己的意志支配自己身体活动的自由而从事的劳动。如非法关闭、封锁厂房车间、以强制力阻拦劳动者的人身活动以及其他限制劳动者人身自由的情形。

根据以上分析，本案中，电子公司经常安排肖某等员工超时加班，如肖某等不服从加班要求，则以罚款、扣发工资保证金等相威胁。而且电子公司还存在限制劳动者人身自由的行为，如制定了过于严苛的门禁制度等，这虽然不是劳动法上典型的限制人身自由的方式，但从实际结果来看，亦符合限制人身自由的特征，因为强迫劳动不仅有劳动法中规定的典型的表现方式，而且还有其他表现形式，如通过劳动合同不合理地限制劳动者解除劳动合同的权利，扣押劳动者的身份证明文件，限制工人下班后离开工厂或宿舍等。对于此种外观不是很明显、但实际效果与限制人身自由无异的行为，劳动法也应该予以禁止。

因此，电子公司的行为已经构成了强迫劳动者劳动的违法行为，根据《劳动合同法》的规定，肖某可以立即通知电子公司解除劳动合同。

案例 2 未签订劳动合同的农民工与用人单位是否存在劳动关系?

基本案情

农民工李某 2014 年年底到城里的一家休闲俱乐部工作，任职大厅服务员，双方未签订劳动合同。李某的月工资为 1650 元，后调整为 1900 元。每月 5 日，李某自该俱乐部财务处领取工资。李某每日需到大厅领班处签到，签到表由该俱乐部办公室人员负责保管。2018 年 4 月，该俱乐部将李某辞退，双方办理了交接手续，李某将工作服、胸牌以及清扫工具上交，并经大厅领班和办公室主管签字确认。后李某提起劳动争议仲裁，要求该俱乐部支付其解除劳动关系的经济补偿金。仲裁裁决支持了李某的申请请求。该俱乐部不服，认为双方没有签订劳动合同，不存在劳动关系，故诉至法院。法院经审理认为，双方虽然没有签订书面劳动合同，但该俱乐部为李某发放工资，李某受该俱乐部管理，双方之间享有和履行了劳动法上的权利义务关系，故双方之间存在事实劳动关系，最终判决该俱乐部给付李某解除劳动关系的经济补偿金。

案例解读

虽然法律规定用人单位用工必须订立书面劳动合同，但是违法不与农民工订立劳动合同的情况时有发生，没有订立劳动合同，并不能说明农民工与用人单位之间不存在劳动关系，如果双方之间存在事实劳动关系，农民工依然受劳动法保护，享有劳动者应有的权利。

由于劳动关系本身的特殊性和复杂性，在没有订立书面劳动合同的情况下，可从以下方面判断双方是否存在劳动关系：劳动者是否接受用人单位的管理、指挥与监督；用人单位是否定期向劳动者发放工资，劳动者能否提供用人单位支付工资的记录，劳动者是否在经济收入上依赖用人单位；劳动者是否被纳入用人单位的生产组织体系从事劳动，与其他劳动者存在分工合作，而不是从事独立的业务或经营活动；劳动者是否自身完成劳务；劳动工具、原材料是否由用人单位提供；劳动者是否在用人单位指定的工作时间、场所工作，且工作时间、场所受用人单位决定或受其控制；劳动者提供的劳务是否具有连续性等。人力资源主管部门在 2005 年也发布过一个《关于确立劳动关系有关事项的通知》，该通知中规定，用人单位招用劳动者未订立书面劳动合同，但同时具备下列情形的，劳动关系成立：(1) 用人单位和劳动者符合法律、法规规定的主体资格；(2) 用人单位依法制定的各项劳动规章制度适用于劳动者，劳动者受用人单位的劳动管理，从事用人单位安排的有报酬的劳动；(3) 劳动者提供的劳动是用人单位业务的组成部分。用人单位未与劳动者签订劳动合同，认定双方存在劳动关系时可参照下列凭证：(1) 工资支付凭证或记录（职工工资发放花名册）、缴纳各项社会保险费的记录；(2) 用人单位向劳动者发放的“工作证”“服务证”等能够证明身份的证件；(3) 劳动者填写的用人单位招工招聘“登记表”“报名表”等招用记录；(4) 考勤记录；(5) 其他劳动者的证言等。其中，上述第 (1)(3)(4) 项的有关凭证由用人单位负举证责任。

本案中，李某虽然没有与该俱乐部签订书面劳动合同，但是工资发放记录以及离职交接登记表均可以证明李某受该俱乐部管理，该俱乐部为其发放工资，双方之间形成事实劳动关系。故该俱乐部应当支付其解除劳动关系的经济补偿金。

案例3 农民工不愿与用人单位签订书面劳动合同的，用人单位还需要支付双倍工资吗？

基本案情

何某于 2017 年 5 月 3 日到一家通信公司从事手机销售工作，双方没有签订劳动合同。何某称入职时与用人单位约定月基本工资 1950 元，每月按照利润另有若干提成，自 2017 年 9 月起月基本工资上调至 2200 元。因单位未与其签订劳动合同，何某于 2018 年 8

月 15 日辞职，并要求单位支付其未签订劳动合同的双倍工资。该通信公司认为，是何某拒绝与公司签订劳动合同，所以不应支付双倍工资。

该案经劳动仲裁后诉至法院，经审理查明，何某所述的入职时间、离职时间以及工资标准均属实。在诉讼中，该通信公司向法庭提交了公司人事部经理与何某的谈话录音一份，内容为人事经理要求何某在公司的劳动合同上签字，何某以不想签为由拒绝签字。

案例解读

本案是一起典型的农民工拒绝签订劳动合同的案例。如果是劳动者主动不签订劳动合同，在这种情况下，如果再让用人单位承担双倍工资的惩罚性责任，则有失公平。《劳动合同法实施条例》第 5 条对此种情形作出了规定，即自用工之日起一个月内，经用人单位书面通知后，劳动者不与用人单位订立书面劳动合同的，用人单位应当书面通知劳动者终止劳动关系，无须向劳动者支付经济补偿，但是应当依法向劳动者支付其实际工作时间的劳动报酬。也就是说，当劳动者拒签劳动合同时，用人单位只有一个月的说服期限，对一个月的期限来临之时仍然拒签的，应当及时地终止双方的劳动关系，这样才能不涉及二倍工资和经济补偿。

本案中，该通信公司向法院提交的录音资料虽然一定程度上可以证明系劳动者拒绝而非用人单位不与其签订合同，然而并没有经过书面通知程序且超过一个月未与劳动者签订劳动合同的行为已经违反了劳动合同法的相关规定，其虽可与劳动者终止劳动关系，但仍需向劳动者支付双倍工资。

案例4 与用人单位协商一致解除劳动合同的农民工能得到经济补偿吗?

基本案情

2017年3月，某家电公司招聘销售员，陈某和隋某均被录用，并与该公司签定了为期两年的劳动合同。陈某和隋某的工资分为两部分：一部分为基本工资，按每月2000元发放；另一部分为销售提成。工作期间，陈某十分努力，业绩突出，表现良好；而隋某自由散漫，不但没有良好的业绩，还经常与顾客发生争吵屡遭投诉。2018年3月，该家电公司不想再与隋某继续维持劳动关系，于是向其提出离职的要求，隋某表示同意。陈某由于业绩突出，被另一家电器公司看中，并答应提升其为销售经理。陈某遂向其供职的家电公司提出辞职，公司批准了他的申请。2018年3月，陈某和隋某均从该公司离职。离职后，隋某听说根据劳动合同法的规定，被单位辞退的员工可以得到公司的经济补偿，而自己没有从公司拿到任何补偿，于是提起劳动争议仲裁，要求该家电公司向他支付解除劳动合同的经济补偿。陈某听说从公司离职可以拿到一笔经济补偿，也提起劳动争议仲裁要求经济补偿。该家电公司认为，陈某系主动提出辞职，公司并未要求其离职，故不应当支付其经济补偿。而隋某在工作期间极不负责，还时常与顾客吵架，影响了公司的声誉，且其对公司提出的离职要求没有提出异议，所以公司也不应当向他支付经济补偿。

劳动争议仲裁委员会分别经审理查明，陈某和隋某于2017年3月29日与该家电公司签定了为期两年的劳动合同，任职销售员。

2018年3月初，该公司要求与隋某解除劳动关系，其表示同意，双方办理了交接手续，隋某于2018年3月20日离开公司。2018年3月21日，陈某要求与该家电公司解除劳动关系，并递交了辞职申请，公司批准其申请，陈某于2018年3月25日离开该公司。隋某在职期间的月平均工资为2250元，陈某在职期间的月平均工资为3000元。劳动争议仲裁委员会认为，陈某及隋某均系与该公司协商一致解除劳动合同，但陈某为主动辞职，隋某为被动辞退，遂裁决该家电公司支付隋某解除劳动关系的经济补偿金2250元，驳回了陈某要求该公司支付其解除劳动合同经济补偿的申请请求。裁决作出后，双方均未向人民法院提起诉讼。

案例解读

在本案中，陈某及隋某均系与该家电公司协商一致解除劳动合同，区别在于陈某是主动向公司提出辞职，而隋某是公司主动要求与其解除劳动合同。根据法律规定，在双方协商一致解除劳动合同的前提下，若劳动者一方主动提出辞职，则用人单位不需支付经济补偿，所以劳动争议仲裁委员会驳回了陈某要求公司支付经济补偿的申请请求。对于隋某来说，虽然公司称其工作不负责任，而且时常与顾客吵架，但系公司主动提出与其解除劳动关系，根据法律的规定，该公司应当向隋某支付经济补偿。

案例5　经济补偿中的工资基数如何计算?

基本案情

农民工闫某2016年9月15日到一家民办教育培训机构工作，

双方签订了劳动合同，合同约定闫某负责招生宣传工作，每月基本工资800元。2018年4月30日，该单位决定辞退闫某，闫某未持异议，但要求单位补发解除劳动合同的经济补偿金。双方在经济补偿金的计算标准上产生争议，单位认为应按劳动合同约定的基本工资800元为基数计算经济补偿金，闫某认为除了800元基本工资以外，单位每月还发放通信和交通补贴100元、饭补200元、加班费以及提成，这样算下来，自己每月的工资至少有1900元以上，所以应当以1900元为基数计算。因单位不同意闫某的计算方式，故闫某提起劳动争议仲裁，要求该单位支付解除劳动合同的经济补偿金。劳动争议仲裁委员会裁决该单位支付闫某解除劳动合同的经济补偿金3600元。该单位不服仲裁裁决，诉至法院。

法院经审理查明，闫某在该单位的工作年限为2016年9月15日至2018年4月30日，每月的工资构成为：基本工资800元、通信和交通补贴100元、饭补200元，另有加班费以及提成若干。闫某离职前12个月的平均月工资为1800元。法院认为，基本工资、通信和交通补贴、饭补、加班费及提成共同构成闫某的月工资，计算解除劳动合同的经济补偿金应以劳动者离职前12个月的平均月工资作为基数，而不能仅以每月的基本工资作为基数计算，法院最终判决该单位支付闫某解除劳动合同的经济补偿金3600元。判决作出后，该单位不服提起上诉，二审维持原判。

案例解读

本案的争议焦点在于工资基数应如何计算。劳动法意义上的工资不仅包括基本工资一项，还包括加班费、奖金、补贴等其他项目。1990年国家统计局公布的《关于工资总额组成的规定》第4条规定，工资总额由下列六个部分组成：（一）计时工资；（二）计件工资；（三）奖金；（四）津贴和补贴；（五）加班加点工资；（六）特殊情况下支付的工资。这些共同构成劳动者的工资，所以应以每月的工资总额计算离职前 12 个月的平均月工资。该单位的意见与法律、法规的规定不符，因而未被采纳。闫某于 2016 年 9 月 15 日入职，2018 年 4 月 30 日离职，根据《劳动合同法》第 47 条规定，每满一年支付一个月工资，六个月以上不满一年的，按一年计算，故此期间的经济补偿金应为 1800 元 ×2 =3600 元。

案例 6　用人单位应当与劳动者签订无固定期限劳动合同而没有签订的，应当承担什么责任？

基本案情

某企业司机王某在 2013 年之后已经先后与公司连续签订了两次劳动合同。可是当他的劳动合同再次到期的时候，公司提前一个月通知他不再续签劳动合同。王某认为，公司毫无征兆地终止劳动合同是不合理的。于是，他当即提出要求与公司签订无固定期限劳动合同，但是公司拒绝了。

案例解读

无固定期限劳动合同，是指用人单位与劳动者约定无确定终止时间的劳动合同，是法律致力于劳动关系稳定化、长期化的措施，也是保护劳动者切身权益的做法。但是劳动者要想签订无固定期限劳动合同，必须符合三个条件之一：劳动者在该用人单位连续工作满 10 年；用人单位初次实行劳动合同制度或者国有企业改制重新订立劳动合同时，劳动者在该用人单位连续工作满10年且距法定退休年龄不足10年的；连续订立二次固定期限劳动合同，且劳动者没有《劳动合同法》第39条和第40条第1、2项规定的情形，续订劳动合同的。

显然，该案例中王某的情况属于第三种情况。在符合上述前提的情形下，如劳动者本人已经向用人单位提出或者同意续订、订立劳动合同，用人单位应当订立无固定期限劳动合同。用人单位应当与劳动者签订无固定期限劳动合同而未签订的，根据最高人民法院的相关司法解释，人民法院可以视为双方之间存在无固定期限劳动合同关系，并以原劳动合同确定双方的权利义务关系。在此情况下，用人单位无权选择终止劳动合同。如果用人单位拒绝劳动者订立无固定期限劳动合同的要求，属于违法。根据《劳动合同法》第87条规定，用人单位违反本法规定解除或者终止劳动合同的，应当依照本法第47条规定的经济补偿标准的二倍向劳动者支付赔偿金。

案例7 哪些劳动者会受到竞业限制的约束？

基本案情

赵某于2015年1月入职甲劳务公司，担任某楼宇的保安人员，每月工资2000元。2016年，劳务公司大量保安工作人员离职，并在此后入职乙劳务公司。甲劳务公司人事经理为保证公司人员稳定，要求赵某等保安人员与公司签订“竞业限制”协议，协议中约定一旦赵某离职后入职乙劳务公司等竞争公司，需要向公司支付违约金10万元。2018年3月，甲劳务公司降低赵某工资为1800元，赵某不同意并以甲劳务公司违法降薪为由提出解除劳动关系，后入职乙劳务公司担任保安人员。甲劳务公司认为赵某违反了双方签订的“竞业限制”协议，向劳动仲裁机构提出仲裁申请，要求赵某支付违反“竞业限制”的违约金。

仲裁机构经审理，认为双方签订的“竞业限制”协议无效，驳回了甲劳务公司的申请请求。甲劳务公司不服，向法院提起诉讼，最终法院判决驳回了甲劳务公司的诉讼请求。

案例解读

《劳动合同法》第 24 条规定，竞业限制的人员限于用人单位的高级管理人员、高级技术人员和其他负有保密义务的人员。竞业限制的规定不能无原则地适用于每个劳动者。本案件中，赵某仅为从事基础体力性劳动的工作人员，并非掌握甲劳务公司商业机密的核心管理人员或员工，故不属于负有保密义务的主体。甲劳务公司试图以“竞业限制”协议的形式限制劳动者再就业，从而保持用工的稳定，明显排除了劳动者的合法权益，应属无效约定。

案例 8　如何判定用工形式是非全日制用工？

基本案情

2014 年 3 月 11 日，小王入职上海某宾馆担任前台工作，工作时间为晚上 21 点至早晨 7 点，每月工资为 1300 元。工作至 2017 年 4 月 10 日，小王从朋友处得知，他的工资还不到 2017 年上海市月最低工资，遂向单位提出要求补发工资差额，同时他认为自己每天工作 10 个小时，超过了 8 小时的标准工作时间，属于超时加班，所以还要求单位补发2014年3月至2017年的加班费。宾馆则称，小王是在晚上上班，是非全日制员工，其工资不适用最低工资标准，同时也不存在加班。

案例解读

非全日制用工与全日制用工最本质的区别就是工作时间，但是，需要明确的是，这里所说的工作时间不同并不是指工作时间段的不同，譬如是白天上班还是晚上上班，而是指工作小时数的不同。在我国，全日制的劳动者平均每天工作一般不超过8小时，每周工作一般不超过40小时；而非全日制劳动者在同一用人单位平均每天工作时间一般不超过4小时，每周工作时间累计一般不超过24小时。同时，全日制用工一般按日计薪，工资不得低于月最低工资，而非全日制用工则是以小时计酬，其工资只要不低于最低小时工资即可，并且，工资结算支付的周期通常最长也不超过15天。

本案例中，小王尽管是在晚上上班，但是他每天工作长达10个小时，不仅不符合非全日制用工每天工作不超过4小时的标准，甚至已经超过了标准工作时间，存在超时加班，因此，宾馆应当依法补足工资差额并向小王支付加班工资。

CHAPTER

第二章

工伤与职业病

很多农民工从事建筑施工、机械制造、采矿等行业，这些行业就业门槛低、工作危险性较高，劳动伤害时常与之相伴。特别是在劳动安全设施匮乏的企业中，极易发生安全事故，造成农民工工伤。而职业病发病具有滞后性，农民工往往都是返乡多年后才发病。农民工个体就业的不稳定性和某些企业经营的不稳定性，给患了职业病的农民工维权带来了重重困难。

1 用人单位有哪些劳动保护义务?

根据《劳动法》第54条的规定:“用人单位必须为劳动者提供符合国家规定的劳动安全卫生条件和必要的劳动防护用品,对从事有职业危害作业的劳动者应当定期进行健康检查。”《职业病防治法》第4条中也规定,用人单位应当为劳动者创造符合国家职业卫生标准和卫生要求的工作环境和条件,并采取措施保障劳动者获得职业卫生保护。

用人单位提供的劳动安全卫生条件,主要包括工作场所和生产设备。工作场所的光线应当充足,噪声、有毒有害气体和粉尘浓度不得超过国家规定的标准,建筑施工、易燃易爆和有毒有害等危险作业场所应当设置相应的防护设施、报警装置、通信装置、安全标志等。对危险性大的生产设备设施,如锅炉、压力容器、起重机械、电梯、企业内机动车辆、客运架空索道等,必须经过安全评价认可,取得劳动行政部门颁发的安全使用许可证后,方可投入运行。企业提供的劳动防护用品,必须是经过劳动行政部门安全认证合格的劳动防护用品。

依据:《劳动法》第54条;《职业病防治法》第4条;《安全生产法》

2 什么是工伤?哪些属于工伤?

工伤是指职工在劳动过程中因执行职务而受到的伤害。我国的法律规定对工伤作了比较明确的界定，对于属于劳动法保护范围内的伤害有特定的法律程序予以保障。

根据《工伤保险条例》的规定，职工有下列情形之一的，应当认定为工伤：(1) 在工作时间和工作场所内，因工作原因受到事故伤害的；(2) 工作时间前后在工作场所内，从事与工作有关的预备性或者收尾性工作受到事故伤害的；(3) 在工作时间和工作场所内，因履行工作职责受到暴力等意外伤害的；(4) 患职业病的；(5) 因工外出期间，由于工作原因受到伤害或者发生事故下落不明的；(6) 在上下班途中，受到非本人主要责任的交通事故或者城市轨道交通、客运轮渡、火车事故伤害的；(7) 法律、行政法规规定应当认定为工伤的其他情形。其中“因履行工作职责受到暴力等意外伤害”是指受到的暴力伤害与履行工作职责有因果关系。“上下班途中”既包括职工正常工作的上下班途中，也包括职工加班加点的上下班途中。职工以上下班为目的、在合理时间内往返于工作单位和居住地之间的合理路线，视为上下班途中。“非本人主要责任”的认定，应当以有关机关出具的法律文书或者人民法院的生效裁决为依据。

职工有下列情形之一的，视同工伤：(1) 在工作时间和工作岗位，突发疾病死亡或者在48小时之内经抢救无效死亡的；(2) 在抢险救灾等维护国家利益、公共利益活动中受到伤害的；(3) 职工原在军队服役，因战、因公负伤致残，已取得革命伤残军人证，到用人单位后旧伤复发的。“突发疾病”包括各类疾病。“48小时”的起算时间，以医疗机构的初次诊断时间作为突发疾病的起算时间。职工有上述第 (1) 项、第 (2) 项情形的，按照《工伤保险条例》的有关规定享受工伤保险待遇；职工有上述第 (3) 项情形的，按照《工伤保险条例》的有关规定享受除一次性伤残补助金外的工伤保险待遇。

职工有下列情形之一的，不得认定为工伤或者视同工伤：(1) 故意犯罪的；(2) 醉酒或者吸毒的；(3) 自残或者自杀的。其中，“故意犯罪”的认定，应当以司法机关的生效法律文书或者结论性意见为依据。“醉酒或者吸毒”的认定，应当以有关机关出具的法律文书或者人民法院的生效裁决为依据。无法获得上述证据的，可以结合相关证据认定。

依据：《工伤保险条例》第 14 - 16 条；《人力资源和社会保障部关于执行〈工伤保险条例〉若干问题的意见》第 1 - 4 条

3 什么是职业病？包括哪些范围？患有职业病后享有哪些待遇？

《劳动合同法》第 17 条明确将职业危害防护作为劳动合同的必备条款。根据《职业病防治法》的规定，职业病是指企业、事业单位和个体经济组织等用人单位的劳动者在职业活动中，因接触粉尘、放射性物质和其他有毒、有害因素而引起的疾病。主要包括工业生产中由于机械原因引起的损伤，或化学物品刺激等原因引起的损害，即由于人体受粉尘、毒物、噪声、高温等影响，造成人的某些器官的病变，或者引起全身性疾病。职业病有急性职业病和慢性职业病之分，多数为慢性职业病。

根据《职业病防治法》第 2 条的规定，2013 年原国家卫生计生委、人力资源社会保障部、安全监管总局、全国总工会公布了《职业病分类和目录》，将职业病划分为十类：(1) 职业性尘肺病及其他呼吸系统疾病；(2) 职业性皮肤病；(3) 职业性眼病；(4) 职业性耳鼻喉口腔疾病；(5) 职业性化学中毒；(6) 物理因素所致职业病；(7) 职业性放射性疾病；(8) 职业性传染病；(9) 职业性肿瘤；(10) 其他职业病。

预防职业病伤害，用人单位和劳动者都应十分重视，一旦劳动者患上职业病，为了保护劳动者的健康，应当按照《职业病防治法》的规定妥善处理，依法为职业病病人提供保障，主要包括：

(1) 职业病的诊断应当按照《职业病诊断与鉴定管理办法》执行。职业病诊断机构应当按照《职业病防治法》《职业病诊断与鉴定管理办法》的有关规定和国家职业病诊断标准，依据劳动者的职业史、职业病危害接触史和工作场所职业病危害因素情况、临床表现以及辅助检查结果等，进行综合分析，作出诊断结论。当事人对职业病诊断机构作出的职业病诊断结论有异议的，可以在接到职业病诊断证明书之日起 30 日内，向职业病诊断机构所在地设区的市级卫生行政部门申请鉴定。设区的市级职业病诊断鉴定委员会负责职业病诊断争议的首次鉴定。当事人对设区的市级职业病鉴定结论不服的，可以在接到鉴定书之日起 15 日内，向原鉴定组织所在地省级卫生行政部门申请再鉴定。职业病鉴定实行两级鉴定制，以省级职业病鉴定结论为最终鉴定。

(2) 按照《职业病防治法》的规定，被确诊的职业病病人的诊疗、康复费用，伤残以及丧失劳动能力的职业病病人的社会保障，按照国家有关工伤保险的规定执行。

(3) 职业病病人除依法享有工伤保险外，依照有关民事法律，尚有获得赔偿的权利的，有权向用人单位提出赔偿要求。

(4) 职业病病人变动工作单位，其依法享有的待遇不变。用人单位在发生分立、合并、解散、破产等情形时，应当对从事接触职业病危害的作业的劳动者进行健康检查，并按照国家有关规定妥善安置职业病病人。

用人单位应当为劳动者建立职业健康监护档案，并按照规定的期限妥善保存。职业健康监护档案应当包括劳动者的职业史、职业病危害接触史、职业健康检查结果和职业病诊疗等有关个人健康资料。劳动者离开用人单位时，有权索取本人职业健康监护档案复印件，用人单位应当如实、无偿提供，并在所提供的复印件上签章。

（5）曾经从事接触职业病危害作业、当时没有发现罹患职业病、离开工作岗位后被诊断或鉴定为职业病的符合下列条件的人员，可以自诊断、鉴定为职业病之日起一年内申请工伤认定，社会保险行政部门应当受理：一是办理退休手续后，未再从事接触职业病危害作业的退休人员；二是劳动或聘用合同期满后或者本人提出而解除劳动或聘用合同后，未再从事接触职业病危害作业的人员。

依据：《职业病防治法》；《职业病诊断与鉴定管理办法》

4 农民工被鉴定患职业病以后，用人单位是否有义务申请工伤认定？

农民工所在单位有义务申请。

职工按照职业病防治法规定被诊断、鉴定为职业病，所在单位应当自事故伤害发生之日或者被诊断、鉴定为职业病之日起 30 日内，向统筹地区社会保险行政部门提出工伤认定申请。遇有特殊情况，经报社会保险行政部门同意，申请时限可以适当延长。

需要注意的是，用人单位如果没有按法律规定提出工伤认定申请，工伤职工或者其近亲属、工会组织在职工被诊断、鉴定为职业病之日起1年内，可以直接向用人单位所在地统筹地区社会保险行政部门提出工伤认定申请。

依据：《工伤保险条例》第17条

5 提出工伤认定申请应当提交哪些材料？

提出申请工伤认定申请的，主要需要提供以下三项材料：

（1）工伤认定申请表，工伤认定申请表应当包括事故发生的时间、地点、原因以及职工伤害程度等基本情况。工伤认定申请表的样式是由社保行政部门统一制定的。

（2）与用人单位存在劳动关系（包括事实劳动关系）的证明材料，如果不能提供书面的劳动合同，农民工需要证明自己与用人单位之间存在事实的劳动关系，比如工资单等。

（3）医疗诊断证明或者职业病诊断证明书（或者职业病诊断鉴定书）。

依据：《工伤保险条例》第18条

6 如果农民工认为自己是工伤，而所在的用人单位予以否认，怎么办？

根据法律规定，当出现劳动者或者其近亲属认为是工伤，而用人单位不认为是工伤的，由用人单位提供劳动者不是工伤的证据材料。用人单位拒绝提供证据或者不能提供相应证据的，社会保险行政部门可以根据受伤害职工提供的证据依法作出工伤认定结论。

依据：《工伤保险条例》第19条

7 农民工申请工伤认定的时间有无限制?

根据《工伤保险条例》第17条的规定，职工发生事故伤害或者按照职业病防治法规定被诊断、鉴定为职业病，所在单位应当自事故伤害发生之日或者被诊断、鉴定为职业病之日起30日内，向统筹地区社会保险行政部门提出工伤认定申请。遇有特殊情况，经报社会保险行政部门同意，申请时限可以适当延长。

用人单位未按前述规定提出工伤认定申请的，工伤职工或者其近亲属、工会组织在事故伤害发生之日或者被诊断、鉴定为职业病之日起1年内，可以直接向用人单位所在地统筹地区社会保险行政部门提出工伤认定申请。

需要注意的是，有下列情形之一的，被延误的时间不计算在工伤认定申请时限内：（1）受不可抗力影响的；（2）职工由于被国家机关依法采取强制措施等人身自由受到限制不能申请工伤认定的；（3）申请人正式提交了工伤认定申请，但因社会保险机构未登记或者材料遗失等原因造成申请超时限的；（4）当事人就确认劳动关系申请劳动仲裁或提起民事诉讼的；（5）其他符合法律法规规定的情形。

依据：《工伤保险条例》第17条

8 农民工有权要求工伤认定机关在多长时间内，作出是否为工伤的认定?

一般情形下是60日内。

如果工伤认定机关在受理了当事人提出的工伤认定申请后久拖不决的话，必然会影响到受工伤劳动者的治疗以及补偿问题。因此法律要求，社会保险行政部门应当自受理工伤认定申请之日起60日内作出工伤认定的决定，并书面通知申请工伤认定的职工或者其近亲属和该职工所在单位。并且还规定，社会保险行政部门对受理的事实清楚、权利义务明确的工伤认定申请，应当在15日内作出工伤认定的决定。

依据：《工伤保险条例》第20条

9 什么是劳动能力鉴定?

劳动能力鉴定是指劳动功能障碍程度和生活自理障碍程度的等级鉴定。

为了更好地保护劳动者的利益，法律规定，在职工发生工伤，经治疗伤情相对稳定后存在残疾、影响劳动能力的，应当进行劳动能力鉴定。

依据：《工伤保险条例》第21、22条

10 应当向哪个部门提出劳动能力鉴定?

用人单位、工伤职工或者其近亲属，应当向设区的市级劳动能力鉴定委员会提出申请，在提交申请的时候，应当同时提供工伤认定决定和职工工伤医疗的有关资料。

依据：《工伤保险条例》第23条

11 劳动者多久可以拿到劳动能力鉴定结论？

通常为60日。

劳动能力鉴定委员会应当自收到劳动能力鉴定申请之日起60日内，作出劳动能力鉴定结论，必要时，作出劳动能力鉴定结论的期限可以延长30日。劳动能力鉴定结论应当及时送达申请鉴定的单位和个人。

依据：《工伤保险条例》第25条

12 如果对第一次劳动能力鉴定结论不服，可以采取什么措施？

申请鉴定的个人对设区的市级劳动能力鉴定委员会作出的鉴定结论不服的，可以在收到该鉴定结论之日起15日内向省、自治区、直辖市劳动能力鉴定委员会提出再次鉴定申请。

同时需要注意的是，省、自治区、直辖市劳动能力鉴定委员会作出的劳动能力鉴定结论为最终结论。

依据：《工伤保险条例》第26条

13 劳动能力鉴定以后，伤残情况又发生了变化，怎么办？

自劳动能力鉴定结论作出之日起1年后，工伤职工或者其近亲属、所在单位或者经办机构认为伤残情况发生变化的，可以申请劳动能力复查鉴定。

依据：《工伤保险条例》第28条

14 工伤治疗期间有哪些待遇?

职工治疗工伤应当在签订服务协议的医疗机构就医，情况紧急时可以先到就近的医疗机构急救。治疗工伤所需费用符合工伤保险诊疗项目目录、工伤保险药品目录、工伤保险住院服务标准的，从工伤保险基金支付。职工住院治疗工伤的伙食补助费，以及经医疗机构出具证明，报经办机构同意，工伤职工到统筹地区以外就医所需的交通、食宿费用从工伤保险基金支付，基金支付的具体标准由统筹地区人民政府规定。工伤职工到签订服务协议的医疗机构进行工伤康复的费用，符合规定的，从工伤保险基金支付。

职工因工作遭受事故伤害或者患职业病需要暂停工作接受工伤医疗的，在停工留薪期内，原工资福利待遇不变，由所在单位按月支付。停工留薪期一般不超过 12 个月。伤情严重或者情况特殊，经设区的市级劳动能力鉴定委员会确认，可以适当延长，但延长不得超过 12 个月。工伤职工评定伤残等级后，停发原待遇，按照有关规定享受伤残待遇。工伤职工在停工留薪期满后仍需治疗的，继续享受工伤医疗待遇。生活不能自理的工伤职工在停工留薪期需要护理的，由所在单位负责。

依据：《工伤保险条例》第 30、33 条

15 劳动者同时为两个以上单位打工，发生工伤怎么办?

职工在两个或两个以上用人单位同时就业的，各用人单位应当分别为职工缴纳工伤保险费。如果劳动者发生工伤，由受到工伤伤

害时劳动者实际从事工作的所在单位依法承担工伤保险责任。

依据：《关于实施〈工伤保险条例〉若干问题的意见》第1条

16 农民工如何享受工伤保险待遇？

参加工伤保险、依法享受工伤保险待遇是农民工的基本权益。

根据相关规定，用人单位注册地与生产经营地不在同一统筹地区的，原则上在注册地参加工伤保险。未在注册地参加工伤保险的，在生产经营地参加工伤保险。农民工受到事故伤害或患职业病后，在参保地进行工伤认定、劳动能力鉴定，并按参保地的规定依法享受工伤保险待遇。用人单位在注册地和生产经营地均未参加工伤保险的，农民工受到事故伤害或者患职业病后，在生产经营地进行工伤认定、劳动能力鉴定，并按生产经营地的规定依法由用人单位支付工伤保险待遇。

对跨省流动的农民工，即户籍不在参加工伤保险统筹地区（生产经营地）所在省（自治区、直辖市）的农民工，1级至4级伤残长期待遇的支付，农民工可以在一次性支付和长期支付两种方式中选择一种。在农民工选择一次性或长期支付方式时，支付其工伤保险待遇的社会保险经办机构应说明情况。一次性享受工伤保险长期待遇的，需由农民工本人提出，与用人单位解除或者终止劳动关系，与统筹地区社会保险经办机构签订协议，终止工伤保险关系。

依据：《关于农民工参加工伤保险有关问题的通知》第2-4条

17 职工本人对于工伤的发生有过错时，可否享受工伤保险待遇？

工伤保险待遇实行无过错责任原则。只要职工在工作中遭受事故伤害或患职业病，被依法认定为工伤的，职工就可以享受工伤保险待遇。在工伤是因为用人单位或第三人的过错而发生时，工伤职工固然可以享受工伤保险待遇，即使职工本人对于工伤的发生有过错，除了职工存在因故意犯罪、醉酒或者吸毒、自残或者自杀三种情形以外，工伤职工仍然可以享受工伤保险待遇。但认定职工工伤，给予职工工伤保险待遇，并不影响企业按规定对违章操作的职工给予企业行政处分。

依据：《工伤保险条例》第16条

18 什么是工伤生活护理费待遇？

工伤职工已经评定伤残等级并经劳动能力鉴定委员会确认需要生活护理的，从工伤保险基金按月支付生活护理费。理解生活护理费，需要注意以下四点：

(1) 工伤职工享受生活护理费的条件有两个：①工伤职工已经通过劳动能力鉴定评定了伤残等级。工伤职工的伤残等级是其能否享受生活护理费待遇以及享受额度大小的重要依据。②工伤职工经劳动能力鉴定委员会确认需要生活护理。工伤职工在停工留薪期内因生活不能自理需要护理的，无须经过劳动能力鉴定，只要存在生活不能自理的事实状态，就可以享受工伤护理待遇，由其所在单位负责。

（2）工伤职工生活护理费待遇的发放方法是：①生活护理费由社会保险经办机构从工伤保险基金中支出。②生活护理费实行按月支付。

（3）生活护理费以统筹地区上年度职工月平均工资为计算基准，按照工伤职工生活完全不能自理、生活大部分不能自理或者生活部分不能自理3个不同等级支付，其标准分别为统筹地区上年度职工月平均工资的50%、40%或者30%。生活完全不能自理、生活大部分不能自理或者生活部分不能自理是对工伤职工生活自理障碍程度的等级鉴定，属于劳动能力鉴定的内容，应当在劳动能力鉴定结论中予以反映。在《工伤保险条例》中，只规定了工伤职工生活自理障碍程度的三个级别，没有具体规定不同级别的具体判断标准，但规定将不同级别的判断标准作为劳动能力鉴定标准的内容。

（4）生活护理费由统筹地区社会保险行政部门根据职工平均工资和生活费用变化等情况适时调整。调整办法由省、自治区、直辖市人民政府规定。

依据：《工伤保险条例》第34条

19 什么是工伤停工留薪期待遇？

停工留薪期，是指职工因工作遭受事故伤害或者患职业病，需要暂停工作接受工伤医疗的同时，按月享受原工资福利待遇的期限。停工留薪期待遇，是指工伤职工在停工留薪期内可以享受到的工伤保险待遇。关于停工留薪期待遇，需要注意以下五点：

（1）职工享受停工留薪期待遇的前提是职工因工作遭受事故伤害或者患职业病需要暂停工作接受工伤医疗。如果职工虽然发生了工伤，但伤势并不严重，可以边工作边治疗，并不需要暂停工作接受治疗的，工伤职工不享有停工留薪期待遇。

（2）在停工留薪期内，停工留薪期待遇的内容有三个方面：①工伤职工可以享受工伤医疗待遇；②工伤职工的原工资福利待遇不变，由所在单位按月支付；③生活不能自理的工伤职工在停工留薪期需要护理的，由所在单位负责。

（3）停工留薪期一般不超过12个月。伤情严重或者情况特殊的，经设区的市级劳动能力鉴定委员会确认，可以适当延长，但延长不得超过12个月。

（4）工伤职工经劳动能力鉴定评定伤残等级后，停发原待遇，按照有关规定享受伤残待遇。因此，停工留薪期是有期限的，是暂时的，工伤职工不能无限期享受停工留薪期待遇。

（5）工伤职工在停工留薪期期满后仍需治疗或因旧的工伤复发需要治疗的，继续享受工伤医疗待遇。

依据：《工伤保险条例》第33条

20 工伤保险待遇主要有哪些？

在用人单位已为其职工向社会保险经办机构办理工伤保险时，工伤职工的工伤保险待遇分两部分支付：

（1）一部分是从工伤保险基金中支出的工伤保险待遇，由社会保险经办机构负责支付。这些费用和项目有：①工伤治疗所需的费用；②职工住院治疗工伤的，应当发放的住院伙食补助费。③工伤职工经批准到统筹地区以外就医的，所需交通、食宿费用。④残疾辅助器具费；⑤工伤职工进行康复性治疗的费用；⑥生活护理费；⑦职工因工致残被鉴定为一级至十级伤残时，应当支付的一次性伤残补助金；⑧职工因工伤残被鉴定为一级至四级伤残时，应当支付的伤残津贴；⑨职工因工致残被鉴定为五级、六级伤残，经工伤职工本人提出，该职工可以与用人单位解除或终止劳动关系，由工伤保险基金支付一次性工伤医疗补助金。⑩职工因工致残被鉴定为七级至十级伤残，劳动合同期满终止或职工本人提出解除劳动合同的，由社会保险基金支付一次性工伤医疗补助金。⑪职工因工死亡时，应当支付的丧葬补助金、供养亲属抚恤金和一次性工亡补助金；⑫职工因工外出期间发生事故或者在抢险救灾中下落不明的，应当支付的供养亲属抚恤金以及预支的一次性工亡补助金。

（2）另一部分是由用人单位支付的工伤保险待遇。凡由《工伤保险条例》规定的工伤职工可以享受的工伤保险待遇，而又不归工伤保险基金支付的，都由用人单位支付。这些费用和项目有：①在停工留薪期内，工伤职工应当享受的原工资福利待遇。②职工因工致残被鉴定为五级、六级伤残，难以安排工作的，由用人单位按月发放伤残津贴。经工伤职工本人提出，该职工可以与用人单位解除或终止劳动关系，由用人单位支付一次性伤残就业补助金。③职工因工致残被鉴定为七级至十级伤残，劳动合同期满终止或职工本人提出解除劳动合同的，由用人单位支付一次性伤残就业补助金。④职工因工外出期间发生事故或者在抢险救灾中下落不明的，从事故发生当月起3个月内照发工资。

依据：《工伤保险条例》第五章

21 因工伤被鉴定为一级至四级伤残的，劳动者可以享受什么待遇？

职工因工致残经劳动能力鉴定委员会评定为一级至四级伤残的，享受以下待遇：

（1）工伤职工的劳动关系应当予以保留，但退出工作岗位。工伤职工在因工致残后仍然是用人单位的职工，其工龄应当连续计算。不仅如此，工伤职工虽然退出了工作岗位，但其仍然可以享受作为用人单位职工的某些待遇，比如，职工因工致残被鉴定为一级至四级伤残的，由用人单位和职工个人以伤残津贴为基数，缴纳基本医疗保险费；用人单位不得解除与工伤职工的劳动合同。

（2）从工伤保险基金按伤残等级一次性支付伤残补助金的标准为：一级伤残为 27 个月的本人工资，二级伤残为 25 个月的本人工资，三级伤残为 23 个月的本人工资，四级伤残为 21 个月的本人工资。职工原在军队服役，因战、因公负伤致残，已取得革命伤残军人证，到用人单位后旧伤复发的，按照《工伤保险条例》的有关规定，享受除一次性伤残补助金外的工伤保险待遇。

（3）从工伤保险基金按月支付伤残津贴的标准为：一级伤残为本人工资的 90%，二级伤残为本人工资的 85%，三级伤残为本人工资的 80%，四级伤残为本人工资的 75%。伤残津贴实际金额低于当地最低工资标准的，由工伤保险基金补足差额。伤残津贴由统筹地区社会保险行政部门根据职工平均工资和生活费用变化等情况适时调整，调整办法由省、自治区、直辖市人民政府规定。

（4）工伤职工达到退休年龄并办理退休手续后，停发伤残津贴，享受基本养老保险待遇；基本养老保险待遇低于伤残津贴的，由工伤保险基金补足差额。

（5）工伤职工因日常生活或者就业需要，经劳动能力鉴定委员会确认，可以安装假肢、矫形器、假眼、假牙和配置轮椅等辅助器具，所需费用按照国家规定的标准从工伤保险基金支付。

依据：《工伤保险条例》第35条

22 因工伤被鉴定为五级、六级伤残的，劳动者可以享受什么待遇？

职工因工致残被劳动能力鉴定委员会评定为五级、六级伤残的，享受以下待遇：

（1）从工伤保险基金按伤残等级支付一次性伤残补助金，标准为：五级伤残为18个月的本人工资，六级伤残为16个月的本人工资。职工原在军队服役，因战、因公负伤致残，已取得革命伤残军人证，到用人单位后旧伤复发的，按照《工伤保险条例》的有关规定享受除一次性伤残补助金外的工伤保险待遇。

（2）保留与用人单位的劳动关系，由用人单位安排适当工作。难以安排工作的，由用人单位按月发给伤残津贴，标准为：五级伤残为本人工资的70%，六级伤残为本人工资的60%，并由用人单位按照规定为其缴纳应缴纳的各项社会保险费。伤残津贴实际金额低于当地最低工资标准的，由用人单位补足差额。“难以安排工作”是指鉴于工伤职工丧失劳动能力的程度和用人单位客观条件的限制，用人单位所能提供的工作岗位对于工伤职工来说难以胜任。在工伤职工与用人单位对是否难以安排工作发生争议诉至法院或申请仲裁时，应当由用人单位证明其难以安排工作的正当理由，否则用人单位应当承担否定性的法律后果。

(3) 经工伤职工本人提出，该职工可以与用人单位解除或者终止劳动关系，由工伤保险基金支付一次性工伤医疗补助金，由用人单位支付一次性伤残就业补助金。一次性工伤医疗补助金和一次性伤残就业补助金的具体标准由省、自治区、直辖市人民政府规定。工伤职工提出这类要求应当是自愿的，用人单位不得采取胁迫或引诱等不正当手段促使工伤职工作出这类决定。

(4) 工伤职工因日常生活或者就业需要，经劳动能力鉴定委员会确认，可以安装假肢、矫形器、假眼、假牙和配置轮椅等辅助器具，所需费用按照国家规定的标准从工伤保险基金支付。

依据：《工伤保险条例》第36条

23 因工伤被鉴定为七级至十级伤残的，劳动者可以享受什么待遇?

职工因工致残被劳动能力鉴定委员会评定为七级至十级伤残的，享受以下待遇：

(1) 从工伤保险基金按伤残等级支付一次性伤残补助金，标准为：七级伤残为13个月的本人工资，八级伤残为11个月的本人工资，九级伤残为9个月的本人工资，十级伤残为7个月的本人工资。职工原在军队服役，因战、因公负伤致残，已取得革命伤残军人证，到用人单位后旧伤复发的，按照《工伤保险条例》的有关规定享受除一次性伤残补助金外的工伤保险待遇。

(2) 劳动合同期满终止，或者职工本人提出解除劳动合同的，由工伤保险基金支付一次性工伤医疗补助金，由用人单位支付一次性伤残就业补助金。一次性工伤医疗补助金和一次性伤残就业补助金的具体标准由省、自治区、直辖市人民政府规定。

（3）工伤职工因日常生活或者就业需要，经劳动能力鉴定委员会确认，可以安装假肢、矫形器、假眼、假牙和配置轮椅等辅助器具，所需费用按照国家规定的标准从工伤保险基金支付。

依据：《工伤保险条例》第 37 条

24 因工死亡职工的近亲属享有哪些工伤保险待遇?

在职工因工死亡时，其近亲属可以从工伤保险基金领取丧葬补助金、供养亲属抚恤金和一次性工伤补助金：

（1）丧葬补助金为 6 个月的统筹地区上年度职工月平均工资；

（2）供养亲属抚恤金按照职工本人工资的一定比例发给由因工死亡职工生前提供主要生活来源、无劳动能力的亲属。标准为：配偶每月 40%，其他亲属每人每月 30%，孤寡老人或者孤儿每人每月在上述标准的基础上增加 10%。核定的各供养亲属的抚恤金之和不应高于因工死亡职工生前的工资。

（3）一次性工亡补助金标准为上一年度全国城镇居民人均可支配收入的 20 倍。

此外，还需注意以下几点：（1）伤残职工在停工留薪期内因工伤导致死亡的，其近亲属享受以上三项工伤保险待遇。（2）一级至四级伤残职工在停工留薪期满后死亡的，其近亲属可以享受以上第 1 项和第 2 项工伤保险待遇。（3）近亲属与供养亲属的范围不同，但存在交叉，其主要区别在于前者是根据亲疏远近来确定，后者除了要考虑亲疏远近外，还有供养条件的限制。因工死亡职工供养亲属，包括该职工的配偶、子女、父母、祖父母、外祖父母、孙子女、外孙子女、兄弟姐妹。子女包括婚生子女、非婚生子女、养子女和有抚养关系的继子女，其中，婚生子女、非婚生子女包括遗腹子女；父母包括生父母、养父母和有抚养关系的继父母；兄弟姐妹包括同父母的兄弟姐妹、同父异母或者同母异父的兄弟姐妹、养兄弟姐妹、有抚养关系的继兄弟姐妹。(4) 供养亲属抚恤金由统筹地区社会保险行政部门根据职工平均工资和生活费用变化等情况适时调整。调整办法由省、自治区、直辖市人民政府规定。

依据：《工伤保险条例》第39条；《因工死亡职工供养亲属范围规定》

25 因工发生事故下落不明的职工是否享有工伤保险待遇?

下落不明，是指自然人离开其惯常居所而他人不知其所在，自然人的生死因此不明的一种事实状态。在职工因工下落不明时，也会发生相应的工伤保险待遇问题：

(1) 职工因工下落不明仅限于以下两种情形：①职工因工外出期间发生事故而下落不明。在一般情形下，只要职工存在因工外出而失踪的事实，就应当认为职工是因工外出期间发生事故而下落不明，如果还要求职工的近亲属或供养亲属证明职工因事故的发生而下落不明，这可能会给他们带来过重的举证责任，不利于工伤保险待遇制度功能的发挥。②在抢险救灾中下落不明的。职工在参加抢险救灾的任务或活动中失踪的，应当认为是在抢险救灾中下落不明。

（2）职工因工下落不明的工伤保险待遇有：①工资待遇：从职工下落不明的事故发生当月起3个月内照发工资。工资由职工所属的用人单位支付。②供养亲属抚恤金待遇：从职工下落不明的事故发生的第4个月起停发工资，由工伤保险基金向其供养亲属按月支付供养亲属抚恤金。供养亲属抚恤金由统筹地区社会保险行政部门根据职工平均工资和生活费用变化等情况适时调整，调整办法由省、自治区、直辖市人民政府规定。③一次性工亡补助金待遇：生活有困难的，可以预支一次性工亡补助金的50%。"生活有困难"是指职工的近亲属的生活水平难以维持在当地一般的生活水平之上。④因工死亡的工伤保险待遇：职工因工下落不明符合一定条件，被人民法院宣告死亡的，按照职工因工死亡的工伤保险待遇的规定处理。

此外，在职工下落不明后又重新出现的，对已支付的工伤保险待遇的处理各地政策略有不同：比如广东规定，被宣告死亡后重新出现的，应当退还已发的供养亲属抚恤金和一次性工亡补助金。广西规定，职工下落不明或者被宣告死亡后重新出现的，应当退还已按《工伤保险条例》第41条规定领取的职工因工死亡的工伤保险待遇费用。湖南规定，职工重新出现的，供养亲属按月领取的供养亲属抚恤金、预支的一次性工亡补助金应当及时退还经办机构。

依据：《工伤保险条例》第41条

26 哪些情况下，工伤职工停止享受工伤保险待遇？

工伤职工有下列情形之一的，停止享受工伤保险待遇：

（1）丧失享受待遇条件的。享受工伤保险待遇，以工伤职工存在劳动能力的损害为前提，如果工伤职工的工伤在享受一段时间的工伤保险待遇后，因医疗水平或其他原因，其劳动能力受到的损害得到了恢复，其就不再符合享受待遇的条件。工伤职工发生工伤后，又非因工而死亡时，其也因为主体资格的丧失而不能再享受工伤保险待遇。

（2）拒不接受劳动能力鉴定的。劳动能力鉴定委员会对工伤职工的劳动功能障碍程度和生活自理障碍程度作出的等级鉴定，是判断工伤职工是否享受工伤保险待遇以及享受何种级别的工伤保险待遇的直接依据；如果工伤职工拒不接受劳动能力鉴定，用人单位和社会保险机构发放相应的工伤保险待遇的工作就无法正常进行。但工伤职工的工伤经认定后，其仍可以享受工伤医疗待遇，因工伤医疗待遇的享有在程序上并不以劳动能力鉴定为前提。

（3）拒绝治疗的。工伤职工在发生工伤后，拒绝治疗时，很可能将会使其伤情进一步恶化，这一方面会使其健康受到损害，使其伤残级别变高，另一方面若仍然支付工伤保险待遇，将会不正当地加重用人单位和社会保险机构的负担，这不符合工伤保险待遇所具有的社会保障功能。

依据：《工伤保险条例》第42条

27 用人单位应承担的工伤保险责任有哪些？

用人单位的工伤保险责任，是指在工伤保险待遇的支付中，应当由用人单位依照法律规定支付给工伤职工有关费用的责任。工伤保险待遇的支付主体有两个，一是用人单位，二是社会保险经办机构，前者在工伤保险待遇支付中的责任，即为用人单位的工伤保险责任。

一般情况下，工伤保险责任由职工所属的用人单位承担，主要有：（1）职工因工作遭受事故伤害或者患职业病需要暂停工作接受工伤医疗的，在停工留薪期内，原工资福利待遇不变，由所在单位按月支付；（2）生活不能自理的工伤职工在停工留薪期需要护理的，由所在单位负责；（3）职工因工致残被鉴定为一级至四级伤残的，由用人单位和职工个人以伤残津贴为基数，缴纳基本医疗保险费；（4）职工因工致残被鉴定为五级、六级伤残的，保留与用人单位的劳动关系，由用人单位安排适当工作。难以安排工作的，由用人单位按月发给伤残津贴，标准为：五级伤残为本人工资的70%，六级伤残为本人工资的60%，并由用人单位按照规定为其缴纳应缴纳的各项社会保险费。经工伤职工本人提出，该职工可以与用人单位解除或者终止劳动关系，由用人单位支付一次性伤残就业补助金。一次性伤残就业补助金的具体标准由省、自治区、直辖市人民政府规定。（5）职工因工致残被鉴定为七级至十级伤残的，劳动、聘用合同期满终止，或者职工本人提出解除劳动、聘用合同的，由用人单位支付一次性伤残就业补助金。一次性伤残就业补助金的具体标准由省、自治区、直辖市人民政府规定；（6）职工因工外出期间发生事故或者在抢险救灾中下落不明的，从事故发生当月起3个月内由用人单位照发工资。

另外注意，在以下三种特殊情形下，工伤保险责任的承担应当这样进行：

（1）用人单位分立、合并、转让的，承继单位应当承担原用人单位的工伤保险责任；原用人单位已经参加工伤保险的，承继单位应当到当地社会保险经办机构办理工伤保险变更登记。

（2）用人单位实行承包经营的，工伤保险责任由职工劳动关系所在单位承担。

（3）职工在借调期间受到工伤事故伤害的，由原用人单位承担工伤保险责任，但原用人单位与借调单位可以约定补偿办法。原用人单位与借调单位之间约定的补偿办法实质上是将原用人单位承担的工伤保险责任在它们内部进行分担，但原用人单位不得借此拒绝对职工承担工伤保险责任。

（4）职工所属的企业破产的，在破产清算时，应当优先拨付依法应由单位支付的工伤保险待遇费用。按照《企业破产法》第113条的规定，在企业破产清算时，在优先清偿破产费用和共益债务后，依照下列顺序清偿：一是破产人所欠职工的工资和医疗、伤残补助、抚恤费用，所欠的应当划入职工个人账户的基本养老保险、基本医疗保险费用，以及法律、行政法规规定应当支付给职工的补偿金；二是破产人欠缴的除前项规定外的社会保险费用和破产人所欠税款；三是普通破产债权。同时，破产财产不足以清偿同一顺序的清偿要求的，按照比例分配。

依据：《工伤保险条例》第五章

28 职业性尘肺病及其他职业性呼吸系统疾病有哪些？

一是尘肺病，主要包括：（1）矽肺；（2）煤工尘肺；（3）石墨尘肺；（4）碳黑尘肺；（5）石棉肺；（6）滑石尘肺；（7）水泥尘肺；（8）云母尘肺；（9）陶工尘肺；（10）铝尘肺；（11）电焊工尘肺；（12）铸工尘肺；（13）根据《尘肺病诊断标准》和《尘肺病理诊断标准》可以诊断的其他尘肺病。

二是其他职业性呼吸系统疾病，主要包括：（1）过敏性肺炎；（2）棉尘病；（3）哮喘；（4）金属及其化合物粉尘肺沉着病（锡、铁、锑、钡及其化合物等）；（5）刺激性化学物所致慢性阻塞性肺疾病；（6）硬金属肺病。

依据：《职业病分类和目录》

典型案例

案例1　职工在工作时间因私人原因受到暴力伤害，能否认定为工伤？

基本案情

张某系某劳务公司甲分公司职工。2018年11月某工作日下午，张某到乙分公司找朋友时，与该分公司职员冯某发生争执，两人在推搡过程中，张某左眼被冯某打伤。当地派出所在询问笔录中载明："双方因个人原因发生争执。"然后，二人签订了和解协议。

事后，张某向当地社会保险行政部门提出工伤认定申请，当地社会保险行政部门经调查核实后，依据《工伤保险条例》第14条第3项之规定，作出不予认定张某为工伤的决定。张某不服，向当地人民法院提起行政诉讼，法院经审理后，维持了社会保险行政部门作出的不予认定张某为工伤的决定。

案例解读

《工伤保险条例》第14条第3项规定，职工在工作时间和工作场所内，因履行工作职责受到暴力等意外伤害的情形，应当认定为工伤。

本案的关键是判断职工张某是否在工作时间和工作场所内因履行工作职责受到暴力伤害。根据派出所对张某和冯某的询问笔录、证人证言、案件和解协议等相关证据，可以证明张某虽然是在工作时间与冯某发生冲突并受到暴力伤害，但该伤害与其履行的工作职责无直接因果关系，故不应认定为工伤。

因此，当地社会保险行政部门作出不予认定张某为工伤的决定，符合法律规定。

案例2 职工在单位宿舍住宿时突发疾病死亡，是否属于工亡？

基本案情

某企业为方便下夜班和家距离单位较远的职工休息，在单位旁安排了临时宿舍。2018 年 4 月某个星期日，该企业车工张某在单位宿舍住宿，准备第二天上班。晚上 19 时左右，张某在其他职工宿舍里与人聊天时深感不适，回本人宿舍休息。22 时深感心脏难受，由同事陪同去医院救治，于第二天早上 9 时不治身亡。张某家属向当地人力资源和社会保障局工伤保险处提出认定张某视同因工死亡的申请。

当地人社局对张某死亡原因进行了调查核实，认为张某死亡不适用《工伤保险条例》，作出张某死亡不予认定视同因工死亡的决定。张某家属对人社局作出不予认定视同因工死亡的决定不服，向相关行政部门提出行政复议，当地相关行政部门维持了人社局的决定。张某家属又向当地法院提请行政诉讼。当地法院受理并审理了该案，作出维持当地人社局作出的张某死亡不予认定视同工亡的决定。

案例解读

按照《工伤保险条例》第 15 条第 1 项的规定，在工作时间和工作岗位，突发疾病死亡或者在 48 小时之内经抢救无效死亡的，视同工伤。本案争议的关键就是对《工伤保险条例》第 15 条第 1 项中规定的“工作时间”和“工作岗位”的理解与适用。工作岗位是从事某项具体劳动的地点，宿舍作为休息场所与工作岗位在性质与用途上存在明显不同。张某作为车工，从事操作车床的具体操作地点是机床所在的地点及与操作有关的活动范围，除非单位对张某在宿舍另有特别工作安排，否则张某在宿舍发病的地点不是工作岗位。

另外，张某发病时是公休日在宿舍休息，而非在工作岗位上，那么张某在宿舍休息的时间也不是工作时间。所以张某死亡的情形不适用《工伤保险条例》第 15 条在工作时间和工作岗位，突发疾病死亡或者在 48 小时之内经抢救无效死亡的，视同工伤的规定。

案例 3 职工离职后发现职业病，用人单位是否承担责任？

基本案情

何某于 2013 年 3 月开始到某煤矿工作，经该煤矿组织体检合格后正式参加井下开采、掘进工作。双方签订了劳动合同，参加了工伤保险。2017 年 5 月何某在工作过程中致右脚趾趾骨骨折，经鉴定为工伤，定为 8 级伤残。2018 年 2 月，何某与煤矿协商后终止了劳动合同，用人单位一次性向何某支付伤残金等共计 80000 元。2018 年 4 月，何某因身体不适去医院检查，经当地疾控中心诊断为煤工尘肺一期，原用人单位认为何某已经与其终止了劳动关系，不用再为何某承担责任，那么何某的职业病待遇由谁来承担？

案例解读

根据我国《职业病分类和目录》的规定，煤工尘肺病属于职业病中的尘肺病。本案的争议焦点是用人单位已经与何某终止了劳动关系，是否还应对其职业病损伤承担责任呢？

根据我国《职业病防治法》第35条的规定："对从事接触职业病危害的作业的劳动者，用人单位应当按照国务院卫生行政部门的规定组织上岗前、在岗期间和离岗时的职业健康检查，并将检查结果书面告知劳动者。职业健康检查费用由用人单位承担。用人单位不得安排未经上岗前职业健康检查的劳动者从事接触职业病危害的作业；不得安排有职业禁忌的劳动者从事其所禁忌的作业；对在职业健康检查中发现有与所从事的职业相关的健康损害的劳动者，应当调离原工作岗位，并妥善安置；对未进行离岗前职业健康检查的劳动者不得解除或者终止与其订立的劳动合同。"本案中，尽管何某发现职业病是在终止劳动关系之后，但该煤矿是何某最后工作的用人单位，并且煤矿应当为何某进行离岗前职业健康检查却没有进行，所以用人单位应当按照《工伤保险条例》的规定承担何某的相应职业病待遇。

用人单位应当严格按照国家法律的规定，对从事职业病危害作业的劳动者按时进行健康检查，不能仅在入职时注重，离职时却忽略，这不仅是法律对企业的要求，更是对企业社会责任的要求。同时提醒广大农民工，在工作期间要做好职业病的防治保护措施，如果不幸患上职业疾病，要懂得通过法律的手段及时维护自己的合法权益。

案例4　用工单位违反法律、法规规定将承包业务转包或者发包给不具备用工主体资格的组织或者自然人，该组织或者自然人聘用的职工因工伤亡的，用工单位为承担工伤保险责任的单位①

基本案情

南通六建公司系国基电子（上海）有限公司A7厂房工程的承包人，其以《油漆承揽合同》的形式将油漆工程分包给自然人李某某，约定李某某所雇人员应当接受南通六建公司管理。李某某又将部分油漆工程转包给自然人王某某，王某某招用张某进行油漆施工。李某某和王某某均无用工主体资格，也无承揽油漆工程的相应资质。2008年3月10日，张某在进行油漆施工中不慎受伤。11月10日，松江区劳动仲裁委员会裁决确定张某与南通六建公司之间存在劳动关系，但该裁决书未送达南通六建公司。12月29日，张某提出工伤认定申请，并提交了劳动仲裁裁决书。上海市松江区人力资源和社会保障局立案审查后，认为张某受伤符合工伤认定条件，且南通六建公司经告知，未就张某所受伤害是否应被认定为工伤进行举证。上海市松江区人力资源和社会保障局遂于2009年2月19日认定张某受伤为工伤。南通六建公司不服，经复议未果，遂起诉请求撤销上海市松江区人力资源和社会保障局作出的工伤认定。

---

① 本案例来源于最高人民法院发布《最高人民法院关于审理工伤保险行政案件若干问题的规定》时，同时公布的四起工伤保险行政纠纷典型案例之一。

案例解读

经上海市松江区人民法院一审，上海市第一中级人民法院二审认为，根据劳社部发〔2005〕12号《劳动和社会保障部关于确立劳动关系有关事项的通知》第4条规定，建筑施工、矿山企业等用人单位将工程（业务）或经营权发包给不具备用工主体资格的组织或自然人，对该组织或自然人招用的劳动者，由具备用工主体资格的发包方承担用工主体责任。本案中，南通六建公司作为建筑施工单位将油漆工程发包给无用工主体资格的自然人李某某，约定李某某所雇用的人员应服从南通六建公司管理。后李某某又将部分油漆工程再发包给王某某，并由王某某招用了上诉人张某进行油漆施工。上海市松江区人力资源和社会保障局依据上述规定及事实认定上诉人与被上诉人具有劳动关系的理由成立。根据《工伤保险条例》规定，张某在南通六建公司承建的厂房建设项目中进行油漆施工不慎受到事故伤害，属于工伤认定范围。据此，维持上海市松江区人力资源和社会保障局作出被诉工伤认定的具体行政行为。

案例5 如何理解工伤认定中的“上下班途中”前提条件?[①]

基本案情

原告何某系北沟镇石涧小学原教师，2006年12月22日上午，原告被石涧小学安排到新沂城西小学听课，中午在新沂市区就餐。

---

① 本案例来源于最高人民法院发布《最高人民法院关于审理工伤保险行政案件若干问题的规定》时，同时公布的四起工伤保险行政纠纷典型案例之一。

因石涧小学及原告居住地到城西小学无直达公交车，原告采取骑摩托车、坐公交车、步行相结合方式往返。下午15:40左右，石涧小学邢某、何某、周某等开车经过石涧村大陈庄水泥路时，发现原告何某骑摩托车摔倒在距离石涧小学约二三百米的水泥路旁，随即送往医院抢救治疗。12月27日，原告所在单位就其的此次伤害事故向被告江苏省新沂市劳动和社会保障局提出工伤认定申请，后因故撤回。2007年6月，原告就此次事故伤害直接向被告提出工伤认定申请。经历了三次工伤认定，三次复议，三次诉讼后，被告于2009年12月26日作出《职工工伤认定》，认定：何某所受机动车事故伤害虽发生在上下班的合理路线上，但不是在上下班的合理时间内，不属于上下班途中，不认定为工伤。原告不服，向新沂市人民政府申请复议，复议机关作出复议决定，维持了被告作出的工伤认定决定。之后，原告诉至法院，请求撤销被告作出的工伤认定决定。

案例解读

经江苏省新沂市人民法院一审，徐州市中级人民法院二审认为：上下班途中的“合理时间”与“合理路线”，是两种相互联系的认定属于上下班途中受机动车事故伤害情形的必不可少的时空概念，不应割裂开来。结合本案，何某在上午听课及中午就餐结束后返校的途中骑摩托车摔伤，其返校上班目的明确，应认定为合理时间。故判决撤销被告新沂市劳动和社会保障局作出的《职工工伤认定》；责令被告在判决生效之日起60日内就何某的工伤认定申请重新作出决定。

案例6 由于不属于职工或者其近亲属自身原因超过工伤认定申请期限的，被耽误的时间不计算在工伤认定申请期限内①

基本案情

宏达豪纺织公司系经依法核准登记设立的企业法人，其住所位于被告广东省佛山市禅城区劳动和社会保障局辖区内。邓某与宏达豪纺织公司存在事实劳动关系。2006年4月24日，邓某在宏达豪纺织公司擅自增设的经营场所内，操作机器时左手中指被机器压伤，经医院诊断为“左中指中节闭合性骨折、软组织挫伤、伸腱断裂”。7月28日，邓某在不知情的情况下向被告申请工伤认定时，列“宏达豪纺织厂”为用人单位。被告以“宏达豪纺织厂”不具有用工主体资格、不能与劳动者形成劳动关系为由不予受理其工伤认定申请。邓某后通过民事诉讼途径最终确认与其存在事实劳动关系的用人单位是宏达豪纺织公司。2008年1月16日，邓某以宏达豪纺织公司为用人单位向被告申请工伤认定，被告于1月28日作出《工伤认定决定书》，认定邓某于2006年4月24日所受到的伤害为工伤。2008年3月24日，宏达豪纺织公司经工商行政管理部门核准注销。邹某作为原宏达豪纺织公司的法定代表人于2009年3月10日收到该《工伤认定决定书》后不服，向佛山市劳动和社会保障局申请行政复议，复议机关维持该工伤认定决定。邹某仍不服，向佛山市禅城区人民法院提起行政诉讼。广东省佛山市禅城区人民法院判决维持被告作出的《工伤认定决定书》。宣判后，邹某

---

① 本案例来源于最高人民法院发布《最高人民法院关于审理工伤保险行政案件若干问题的规定》时，同时公布的四起工伤保险行政纠纷典型案例之一。

不服，向广东省佛山市中级人民法院提起上诉。

案例解读

法院经审理认为，因宏达豪纺织公司未经依法登记即擅自增设营业点从事经营活动，故2006年7月28日邓某在不知情的情况下向禅城劳动局申请工伤认定时，错列“宏达豪纺织厂”为用人单位并不存在主观过错。另外，邓某在禅城劳动局以“宏达豪纺织厂”不具有用工主体资格、不能与劳动者形成劳动关系为由不予受理其工伤认定申请并建议邓某通过民事诉讼途径解决后，才由生效民事判决最终确认与其存在事实劳动关系的用人单位是宏达豪纺织公司。故禅城劳动局于2008年1月16日收到邓某以宏达豪纺织公司为用人单位的工伤认定申请后，从《工伤保险条例》切实保护劳动者合法权益的立法目的考量，认定邓某已在1年的法定申请时效内提出过工伤认定申请，是因存在不能归责于其本人的原因而导致其维护合法权益的时间被延长，受理其申请并作出是工伤的认定决定，程序并无不当。被告根据其认定的事实，适用法规正确。依照行政诉讼法的规定，判决维持被告作出的《工伤认定决定书》。

案例7 职工故意犯罪的，不认定或视同工伤

基本案情

王某是某化工有限公司的司机，2017年1月5日在外出送货的途中发生交通事故造成重大人员伤亡及财产损失，同时也造成自己双小腿骨折。其后，王某以交通肇事罪被法院判处3年有期徒刑。2017年3月底，王某亲属向当地社保行政机关提出工伤认定申请，

请求认定王某所受伤害为工伤。对此，有人认为王某已构成犯罪，其行为不仅是社会道德所不容，也是法律惩罚的对象，因此不应认定王某为工伤。那么，王某申请工伤认定有法律依据吗？

案例解读

根据《工伤保险条例》第16条规定，职工符合本条例第14、15条的规定，但是故意犯罪的，不得认定为工伤或者视同工伤。《社会保险法》第37条也有同样规定，职工因故意犯罪导致本人在工作中伤亡的，不认定为工伤。因此，职工在履行职务中是否因“故意犯罪”受伤就成为工伤认定中的关键因素。

犯罪在主观心态上包含故意和过失两种形态，相应的犯罪也分为故意和过失两种犯罪。而故意犯罪是指明知自己的行为会发生危害社会的结果，并且希望或放任这种结果的发生，因而构成犯罪的情形。职工因故意犯罪遭受事故伤害，仅指因职工本人实施故意犯罪导致的伤害，不包括第三人实施故意犯罪导致职工受到伤害的情形。而过失犯罪为当事人应当预见自己的行为可能发生危害社会的结果，因为疏忽大意而没有预见，或者已经预见但轻信能够避免，以致发生不利后果。法律及行政法规只是规定职工“故意犯罪”的不予认定为工伤，对于职工因自己过失犯罪遭受事故伤害，不应剥夺其基本的社会保险权利，仍应认定为工伤。对于职工究竟是故意犯罪还是过失犯罪，不是由社保行政机关来判断，而是应当依据司法机关的判决来判断。交通肇事罪，是指违反道路交通管理法规，发生重大交通事故，致人重伤、死亡或者使公私财产遭受重大损失，依法被追究刑事责任的犯罪行为，是一种过失危害公共安全的犯罪。这种过失是指行为人对自己的违章行为可能造成的严重后果的心理态度而言。行为人在违反交通规章制度上可能是明知故犯，如酒后驾车、强行超车、超速行驶等，但对自己的违章行为可能发生重大事故，造成严重后果，应当预见而因疏忽大意，没有预见，或者虽已预见，但轻信能够避免，以致造成了严重后果。因此，王某的情形符合工伤认定条件，应该依法认定王某的受伤性质为工伤。

案例8 可以以“工伤认定”代替“劳动能力鉴定”吗？

基本案情

小张2018年年初进城务工，先后在甲水泥厂、乙亚麻厂、丙铝制品厂打工。这几家工厂均为无营业执照的非法用工单位。小张工作过的工厂车间，粉尘浓度均超标。2020年6月，小张胸闷、气短、咳嗽，去医院检查时被诊断患了尘肺病，且已到了晚期。小张曾经工作过的几家用人单位相互推诿，均不承认小张是在自己的工厂里得的病。无奈之下，小张去劳动监察部门举报，后被当地社会保险行政部门认定为工伤。小张因伤不能劳动，要求享受工伤保险待遇，但被当地社会保险行政部门告知需到有关部门申请劳动能力鉴定。既然有关部门已认定为工伤，为何还要去做劳动能力鉴定，小张对此很不解。

案例解读

“工伤认定”和“劳动能力鉴定”是确定职工因工伤害事故责任及工伤待遇的基础和前提，两者是同一工伤处理过程的不同阶段。《工伤保险条例》第23条规定：“劳动能力鉴定由用人单位、工伤职工或者其近亲属向设区的市级劳动能力鉴定委员会提出申请，并提供工伤认定决定和职工工伤医疗的有关资料。”“工伤认定”是劳动能力鉴定委员会进行劳动能力鉴定审核的材料之一，没有工伤认定，劳动能力鉴定委员会一般会拒绝受理鉴定申请。

“工伤认定”和“劳动能力鉴定”在鉴定主体等诸多方面都是有所不同的。一是性质与目的不同，“工伤认定”是社会保险行政部门根据《工伤保险条例》等相关法律法规，确定职工受伤或职业病是否属于工伤范围的过程；“劳动能力鉴定”是劳动能力鉴定委员会根据国家制定的伤残等级对伤残职工劳动功能、生活自理障碍程度的等级鉴定。二是认定或鉴定的主体不同，“工伤认定”的主体是社会保险行政部门；“劳动能力鉴定”的主体是劳动能力鉴定委员会。三是认定的程序不同，职工发生事故伤害或者按照《职业病防治法》规定被诊断、鉴定为职业病，所在单位应当自事故伤害发生之日或者被诊断、鉴定为职业病之日起 30 日内，向统筹地区社会保险行政部门提出工伤认定申请；“劳动能力鉴定”是职工发生工伤，经治疗伤情相对稳定后存在残疾、影响劳动能力的，应当进行劳动能力鉴定。由用人单位、工伤职工或者其近亲属向设区的市级劳动能力鉴定委员会提出申请。四是认定或鉴定结论的法律效力不同，申请“工伤认定”的职工或用人单位对工伤认定结论不服，可以通过行政复议、行政诉讼解决；申请劳动能力鉴定的单位或者个人对设区的市级劳动能力鉴定委员会作出的鉴定结论不服的，可以在收到该鉴定结论之日起 15 日内向省、自治区、直辖市劳动能力鉴定委员会提出再次鉴定申请。省、自治区、直辖市劳动能力鉴定委员会作出的劳动能力鉴定结论为最终结论，具有不可诉性。五是法律后果不同，“工伤认定”结论作出后，认定为工伤的职工，可以直接要求享受工伤医疗待遇；而“劳动能力鉴定”结论作出后，职工可根据伤残等级享受相应的伤残待遇，领取伤残津贴或一次性伤残补助金等。由此可见，在进行工伤认定之后，确有影响劳动能力的，为了进一步享受到相应工伤待遇，必须做劳动能力鉴定。

案例9　工伤职工的停工留薪期如何确定？

基本案情

岳某是某压缩机有限公司职工，双方于2015年10月签订劳动合同。2017年8月的一天，岳某在组装空压机主机头吊装曲轴时，曲轴脱落歪倒，砸伤右脚，被送往医院治疗，被诊断为右足内侧楔骨骨折，住院治疗61天（2017年9月1日起至10月31日止），出院时医院出具《诊断证明书》，建议岳某病休3个月。岳某病休3个月后，未再到某压缩机有限公司上班，亦未向公司提交病休证明履行请假手续。岳某发生事故前12个月的平均应发工资约为4000元/月。2018年3月16日，市人力资源和社会保障局认定岳某所受伤害为工伤，2018年8月26日，市劳动能力鉴定委员会鉴定岳某伤残等级为十级。2018年9月1日，岳某向劳动人事争议仲裁委员会提起劳动仲裁，要求与某压缩机有限公司解除劳动合同，并要求某压缩机有限公司支付其2017年9月至2018年8月停工留薪期间工资48000元，一次性伤残就业补助金40000元。

经仲裁，双方当事人于2018年9月1日解除劳动合同；某压缩机有限公司支付岳某2017年9月1日至2018年1月31日的停工留薪期工资20000元；某压缩机有限公司支付岳某一次性伤残就业补助金40000元。

案例解读

停工留薪期是指工伤或者患职业病的职工需要暂停工作接受治疗的期间。《工伤保险条例》第33条规定："职工因工作遭受事故伤害或者患职业病需要暂停工作接受工伤医疗的，在停工留薪期内，原工资福利待遇不变，由所在单位按月支付。停工留薪期一般不超过12个月。伤情严重或者情况特殊，经设区的市级劳动能力鉴定委员会确认，可以适当延长，但延长不得超过12个月……"

判断职工需要暂停工作接受治疗的期限，一般应根据医疗机构出具的病休证明。故工伤职工的停工留薪期应以医疗机构出具的病休证明等材料所确定的建议劳动者休息的期限为准，但不得超过首次伤残等级鉴定结论作出之日。如停工留薪期满12个月后仍需治疗的，必须经劳动能力鉴定委员会确认延长。

本案中岳某的停工留薪期应根据住院时间和医院建议休息时间确定，无病休证明期间不应计算为停工留薪期。岳某2017年9月1日起至10月31日止住院治疗2个月，出院时医院建议其病休3个月，其停工留薪期应自2017年9月1日起至2018年1月31日止，故劳动人事争议仲裁委员会裁决某压缩机有限公司向岳某支付5个月的停工留薪期工资。

现实中，有不少工伤职工认为自己受了工伤就可以不需要医院的病休证明，不履行任何请假手续一直休息在家，而用人单位也无视职工的这种行为，认为职工不来找单位最好。上述认识都存在一定的问题。本案中，岳某的病情并不严重，按照其十级的伤残等级，5个月的停工留薪期基本符合。但如果是伤情较重，需要长时间接受治疗的职工，没有医院的病休证明，也未到企业履行请假手续的义务，则会影响到工伤职工自身的合法权益。作为用人单位应尽到及时提醒工伤职工提供病休证明并向单位履行请假手续的义务，对经提醒既不来上班也不履行请假手续义务的工伤职工，应及时对双方的劳动关系作出处理。

案例10 一次性工亡补助金如何分配?

基本案情

原告陈某某、张某某为陈某的父、母亲。被告程某为陈某的妻子、陈小某为陈某的女儿。陈某生前为第三人某公司的职工。2017年8月4日8时许，陈某在工作过程中，与歹徒发生冲突，被报复的歹徒持刀伤害致死。由于陈某因工致死，相关部门将一次性工亡补助金40多万元转存到第三人的公司账户。由于原、被告双方对一次性工亡补助金的分配未能达成一致意见，该笔一次性工亡补助金暂存至第三人处。后原告诉至法院，要求分配一次性工亡补助金，原、被告方各占50%。被告答辩后认为，一次性工亡补助金是对受害人家庭损失的弥补，应根据与死者关系的远近和共同生活的亲密程度合理分配，两原告与死者并没有共同生活，故一次性工亡补助金应该分配给两被告。

法院经审理后认为，根据《工伤保险条例》第39条的规定，一次性工亡补助金不属于死者的遗产，也不属于夫妻共同财产，而是对死亡职工近亲属的精神补偿，发放对象应是死亡职工的近亲属。本案中，原告陈某某、张某某和被告程某、陈小某作为陈某的近亲属，陈某因工死亡后，四人均有权领取有关部门发放的一次性工亡补助金。关于分割问题，依据与死者生前生活的亲密程度，并结合被扶养人劳动能力的强弱等因素综合考虑。原告陈某某、张某某作为陈某的父母，已达到法定的退休年龄，也没有其他子女。被告程某、陈小某作为陈某的妻子、女儿，陈某生前与其居住，而陈小某尚未成年。综合以上因素，原、被告双方各分得一次性工亡补助金的50%。

案例解读

《工伤保险条例》第39条规定，“职工因工死亡，其近亲属按照下列规定从工伤保险基金领取丧葬补助金、供养亲属抚恤金和一次性工亡补助金……（三）一次性工亡补助金标准为上一年度全国城镇居民人均可支配收入的20倍”。一次性工亡补助金，是指职工因工死亡的情况下，按照规定的标准，从工伤保险基金中对其近亲属支付的一次性赔偿。一次性工亡补助金不属于死者的遗产，也不属于夫妻共同财产，发放对象应是死亡职工的近亲属。因此，对一次性工亡补助金的分配，可依据与死者生前生活的亲密程度，并结合被扶养人劳动能力的强弱等因素综合考虑。

CHAPTER

第三章

工资社保与工时休假

劳动者与用人单位形成劳动关系后，一方面劳动者接受用人单位的管理，从事用人单位安排的工作，成为用人单位的成员；另一方面从用人单位领取劳动报酬、受劳动安全保护、享受国家规定的各种福利待遇。这些事项众多，规定比较繁杂，劳动者也很容易搞不清楚自身应当享有哪些具体权益，因此，维护权益的前提就是更多地了解并理解。

1 劳动合同中劳动报酬怎样约定?

劳动报酬是指劳动者与用人单位建立劳动关系后因提供劳动而获得的报酬，即用人单位依据劳动法律法规以及劳动合同的约定支付给劳动者的工资、奖金、津贴、补贴和福利等。劳动者付出劳动后，用人单位应该向劳动者支付劳动报酬，这是劳动关系的一个重要方面，对于劳动报酬的约定不能违反劳动法律法规的规定。

劳动报酬主要有以下几种：

(1) 计时工资：是指按计时工资标准和工作时间支付给个人的劳动报酬。

(2) 计件工资：是指对已做工作按计件单价支付的劳动报酬。包括：实行超额累进计件、直接无限计件、限额计件、超定额计件等工资制。

(3) 奖金：是指支付给职工的超额劳动报酬和增收节支的劳动报酬。

(4) 津贴和补贴：是指为了补偿职工特殊或额外的劳动消耗和因其他特殊原因支付给职工的津贴，以及为了保证职工工资水平不受物价等因素影响支付给职工的物价补贴。

(5) 加班加点工资：是指依法支付的加班工资和加点工资。

(6) 特殊情况下支付的工资：根据国家法律、法规和政策规定，因病、工伤、产假、停工学习、执行国家或社会义务等原因按工资标准的一定比例支付的工资。

依据：《关于工资总额组成的规定》第二章

2 不签订书面劳动合同，劳动者的劳动报酬如何支付？

用人单位未与劳动者订立书面劳动合同的，劳动者应当与其他职工享有同工同酬的权利，向劳动者支付劳动报酬的标准应该按照《劳动合同法》第11条的规定："用人单位未在用工的同时订立书面劳动合同，与劳动者约定的劳动报酬不明确的，新招用的劳动者的劳动报酬按照集体合同规定的标准执行；没有集体合同或者集体合同未规定的，实行同工同酬。"禁止企业违反法律规定任意降低劳动者的报酬，损害劳动者的合法权益。

依据：《劳动合同法》第11条

3 用人单位应遵守哪些国家关于工作时间的基本规定？

工作时间简称"工时"，是法律规定的劳动者在一昼夜或一周内从事生产或工作的时间，即劳动者每天应工作的时数或每周应工作的天数。

根据《国务院关于职工工作时间的规定》，职工每日工作8小时、每周工作40小时。因工作性质或者生产特点的限制，不能实行每日工作8小时、每周工作40小时标准工时制度的，按照国家有关规定，可以实行其他工作和休息办法。任何单位和个人不得擅自延长职工工作时间。因特殊情况和紧急任务确需延长工作时间的，按照国家有关规定执行。

依据：《国务院关于职工工作时间的规定》

4 什么是社会保险?

社会保险是指通过国家立法的形式，以劳动者为保障对象，以劳动者的年老、疾病、伤残、失业、死亡等特殊事件为保障内容、以政府强制实施为特点的一种保障制度，具有非营利性、强制性、普遍保障性的特点。

我国的社会保险包括养老保险、医疗保险、失业保险、生育保险和工伤保险五种。社会保险是国家基本的社会保险制度，是强制性的，用人单位和劳动者都须依法缴纳。用人单位和劳动者不能通过协商一致的方式在劳动合同中约定放弃社会保险的缴纳。

依据：《社会保险法》第 2 条

5 试用期间，劳动者的工资如何支付?

用人单位不能任意降低试用期内劳动者的工资，根据《劳动合同法》第 20 条规定："劳动者在试用期的工资不得低于本单位相同岗位最低档工资或者劳动合同约定工资的百分之八十，并不得低于用人单位所在地的最低工资标准。"

依据：《劳动合同法》第 20 条

6 国家对工资支付有哪些基本规定?

根据《工资支付暂行规定》第 7 条的规定："工资必须在用人单位与劳动者约定的日期支付。如遇节假日或休息日，则应提前在最近的工作日支付。工资至少每月支付一次，实行周、日、小时工资制的可按周、日、小时支付工资。”

关于临时和具体工作的工资支付，根据《工资支付暂行规定》第 8 条的规定：“对完成一次性临时劳动或某项具体工作的劳动者，用人单位应按有关协议或合同规定在其完成劳动任务后即支付工资。”

关于解除或终止劳动合同时的工资支付，根据《工资支付暂行规定》第 9 条的规定：“劳动关系双方依法解除或终止劳动合同时，用人单位应在解除或终止劳动合同时一次付清劳动者工资。”

对于非全日制用工，根据《劳动合同法》第 72 条的规定，非全日制用工小时计酬标准不得低于用人单位所在地人民政府规定的最低小时工资标准。非全日制用工劳动报酬结算支付周期最长不得超过十五日。

另外必须注意，工资应当以法定货币支付。不得以实物及有价证券替代货币支付。

依据：《工资支付暂行规定》第 7－9 条

7 用人单位不依法支付劳动报酬的如何处理？

劳动者付出劳动后，用人单位应当依法为其支付劳动报酬，如果用人单位未按照劳动合同的约定或者国家规定及时足额支付劳动者劳动报酬或低于当地最低工资标准支付劳动者工资的，根据《劳动合同法》第 85 条的规定，由劳动行政部门责令限期支付劳动报酬，劳动报酬低于当地最低工资标准的，应当支付其差额部分；逾期不支付的，责令用人单位按应付金额 50% 以上 100% 以下的标准向劳动者加付赔偿金。

这里所说的“最低工资”，根据原劳动部办公厅印发的《关于〈劳动法〉若干条文的说明》第48条的规定，是指劳动者在法定工作时间内履行了正常劳动义务的前提下，由其所在单位支付的最低劳动报酬。最低工资包括了基本工资和奖金、津贴、补贴，但不包括加班加点工资、特殊劳动条件下的津贴，国家规定的社会保险和福利待遇排除在外。

依据：《劳动合同法》第85条

8 什么是加班加点？

根据《劳动合同法》第31条的规定，用人单位应当严格执行劳动定额标准，不得强迫或者变相强迫劳动者加班。用人单位安排加班加点的，应当按照国家有关规定向劳动者支付加班费。

根据《国务院关于职工工作时间的规定》，我国目前实行劳动者每日工作8小时，每周工作40小时的标准工时制度。在正常工作日用人单位延长劳动者工作时间的称为加点，在休息日和法定休假日安排劳动者延长工作时间的称为加班。用人单位安排劳动者加班、加点的均应符合国家有关法律法规的规定。此外，一些企业还可根据实际情况（如推销员、外勤、高级管理人员、交通部门需要连续工作的岗位等）实行不定时工作制和综合计算工作制。但其平均日工作时间和平均周工作时间应与法定标准工作时间基本相同。凡是超过这一工作时间标准的，都属于加班加点的范畴。

依据：《国务院关于职工工作时间的规定》

9 劳动者加班加点的，加班费怎么算？

根据《劳动法》第 44 条的规定，有下列法定情形之一的，用人单位应当按照规定的标准支付高于劳动者正常工作时间工资的工资报酬：（1）安排劳动者延长工作时间的，支付不低于工资的 150% 的工资报酬；（2）休息日安排劳动者工作又不能安排补休的，支付不低于工资的 200% 的工资报酬；（3）法定休假日安排劳动者工作的，支付不低于工资的 300% 的工资报酬。

另外，根据相关规定，所谓“工资”，对于实行计时工资的用人单位而言，指的是用人单位规定的其本人的基本工资，其计算方法是：用月基本工资除以月法定工作天数即得日工资，用日工资除以日工作时间即得小时工资；对于实行计件工资的用人单位而言，指的是劳动者在加班加点的工作时间内应得的计件工资。

不能得到足额加班费、权益受到侵犯的劳动者可向劳动行政部门进行举报。按照《劳动合同法》第 85 条的规定，劳动行政部门将责令用人单位按照规定限期支付加班人员的加班费，逾期不支付的，责令用人单位按应付金额的 50% 以上 100% 以下的标准向劳动者加付赔偿金。根据《最高人民法院关于审理劳动争议案件适用法律问题的解释（一）》第 42 条的规定，劳动者主张加班费的，应当就加班事实的存在承担举证责任。但劳动者有证据证明用人单位掌握加班事实存在的证据，用人单位不提供的，由用人单位承担不利后果。

依据：《劳动法》第 44 条；《最高人民法院关于审理劳动争议案件适用法律问题的解释（一）》第 42 条

10 什么是工资？

工资又称薪水，即我们常说的劳动报酬，它有广义和狭义之分。广义的工资泛指人们从事各种劳动而获得的货币收入或有价物，它既包括用人单位支付给劳动者的各种收入，也包括劳动者个人因加工承揽、委托、运输等行为获得的各种劳动收入。狭义的工资专指《劳动法》中所规定的劳动者基于劳动法律关系而取得的各种劳动收入，包括薪金和津贴等。我们这里所说的工资是指后一种，它有以下特点：（1）工资是劳动者基于劳动关系所获得的劳动报酬；（2）工资是用人单位对劳动者履行劳动义务的物质补偿；（3）工资额的确定必须以劳动法规的规定和集体合同、劳动合同的约定为依据；（4）工资必须以法定的方式支付，即一般只能以法定货币，持续、定期地支付。

另外，根据有关规定，劳动者的以下劳动收入不属于工资的范围：（1）单位支付给劳动者个人的社会保险福利费用，如丧葬抚恤救济费、生活困难补助费、计划生育补贴等；（2）劳动保护方面的费用，如用人单位支付给劳动者的工作服、解毒剂、清凉饮料费用等；（3）按规定未列入工资总额的各种劳动报酬及其他劳动收入，如根据国家规定发放的创造发明奖、国家星火奖、自然科学奖、科学技术进步奖、合理化建议和技术改进奖、中华技能大奖等，以及稿费、讲课费、翻译费等。

依据：《关于工资总额组成的规定》

11 什么是最低工资？

最低工资是工资的法定最低限额，是指当劳动者在法定工作时间内履行了正常劳动义务的前提下，由用人单位支付的最低劳动报酬。最低工资不包括延长工作时间的工资报酬、以货币形式支付的住房和用人单位支付的伙食补贴；中班、夜班、高温、低温、井下、有毒、有害等特殊工作环境和劳动条件下的津贴以及国家法律、法规、规章规定的社会保险福利待遇。

根据原劳动和社会保障部颁布的《最低工资规定》第3条的规定，所谓正常劳动，是指劳动者按依法签订的劳动合同约定，在法定工作时间或劳动合同约定的工作时间内从事的劳动。劳动者依法享受带薪年休假、探亲假、婚丧假、生育（产）假、节育手术假等国家规定的假期间，以及法定工作时间内依法参加社会活动期间，视为提供了正常劳动。最低工资标准一般采取月最低工资标准和小时最低工资标准的形式。

劳动关系双方当事人不得在劳动合同中约定在法定最低工资额以下的工资。只要劳动者按法定工作时间履行劳动给付义务或被合法免于给付义务，用人单位向劳动者支付的工资，就不得少于法定最低工资额。

劳动者需要注意，每年（一般是上半年），各地政府都会公布当年度当地的最低工资标准，虽然国家也有规定用人单位应在最低工资标准发布后10日内将该标准向本单位全体劳动者公示，但是很少有企业实际执行，所以，劳动者要学会自己多关注这方面的消息，尤其是当地政府网站，这样有利于维护自己的权益。

依据：《最低工资规定》

12 非全日制用工的劳动者的劳动报酬如何支付?

根据《劳动合同法》第72条第2款规定:“非全日制用工劳动报酬结算支付周期最长不得超过十五日。”

2003年发布的《劳动和社会保障部关于非全日制用工若干问题的意见》中规定，用人单位应当按时足额支付非全日制劳动者的工资。用人单位支付非全日制劳动者的小时工资不得低于当地政府颁布的小时最低工资标准。非全日制用工的工资支付可以按小时、日、周或半月为单位结算。

依据:《劳动合同法》第72条

13 非全日制用工的劳动者的社会保险费如何缴纳?

非全日制用工的劳动者与用人单位之间建立的是劳动关系，也应依照法律规定缴纳社会保险。但是非全日制工作的劳动者的社会保险费的缴纳不同于全日制职工社会保险费的缴纳:

(1) 从事非全日制工作的劳动者应当参加基本养老保险，原则上参照个体工商户的参保办法执行。对于已参加过基本养老保险和建立个人账户的人员，前后缴费年限合并计算，跨统筹地区转移的，应办理基本养老保险关系和个人账户的转移、接续手续。符合退休条件时，按国家规定计发基本养老金。

(2) 从事非全日制工作的劳动者可以以个人身份参加基本医疗保险，并按照待遇水平与缴费水平相挂钩的原则，享受相应的基本医疗保险待遇。参加基本医疗保险的具体办法由各地劳动保障部门研究制定。

（3）用人单位应当按照国家有关规定为建立劳动关系的非全日制劳动者缴纳工伤保险费。从事非全日制工作的劳动者发生工伤，依法享受工伤保险待遇；被鉴定为伤残5－10级的，经劳动者与用人单位协商一致，可以一次性结算伤残待遇及有关费用。

依据：《劳动和社会保障部关于非全日制用工若干问题的意见》第3条

14 农民工患病或非因工负伤给予多长时间的医疗期？

根据《企业职工患病或非因工负伤医疗期规定》，企业职工因患病或非因工负伤，需要停止工作医疗时，根据本人实际参加工作年限和在本单位工作年限，给予3个月到24个月医疗期：

（1）实际工作年限10年以下的，在本单位工作年限5年以下的为3个月；5年以上的为6个月。

（2）实际工作年限10年以上的，在本单位工作年限5年以下的为6个月；5年以上10年以下的为9个月；10年以上15年以下的为12个月；15年以上20年以下的为18个月；20年以上的为24个月。

医疗期3个月的按6个月内累计病休时间计算；6个月的按12个月内累计病休时间计算；9个月的按15个月内累计病休时间计算；12个月的按18个月内累计病休时间计算；18个月的按24个月内累计病休时间计算；24个月的按30个月内累计病休时间计算。

依据：《企业职工患病或非因工负伤医疗期规定》第3、4条

15 未完成劳动定额或承包任务，用人单位是否可以低于最低工资标准支付工资?

有的用人单位为保证企业的业务量，刺激劳动者的工作积极性，会在劳动合同中约定劳动者每月的最低工作量，达到该工作量才能领取全额工资，超过该工作量可以按照相应比例提成，如果没有完成该工作量，则要扣除部分工资，但是不能够低于当地最低工资标准。

根据原劳动部1995年印发的《关于贯彻执行〈中华人民共和国劳动法〉若干问题的意见》第56条规定："在劳动合同中，双方当事人约定的劳动者在未完成劳动定额或承包任务的情况下，用人单位可低于最低工资标准支付劳动者工资的条款不具有法律效力。"由此可见，无论劳动者是否完成合同约定的劳动量，用人单位都不得低于最低工资标准支付劳动者工资。

依据：《关于贯彻执行〈中华人民共和国劳动法〉若干问题的意见》第56条

16 对非因劳动者原因造成单位停工停产的，用人单位如何支付工资?

根据《工资支付暂行规定》第12条规定："非因劳动者原因造成单位停工、停产在一个工资支付周期内的，用人单位应按劳动合同规定的标准支付劳动者工资。超过一个工资支付周期的，若劳动者提供了正常劳动，则支付给劳动者的报酬不得低于当地的最低工资标准；若劳动者没有提供正常劳动，应按国家有关规定办理”。本条中所称“按劳动合同规定的标准”系指劳动合同规定的劳动者本人所在的岗位（职位）相对应的工资标准。

依据：《工资支付暂行规定》第12条

17 在哪些情况下用人单位可以扣发劳动者工资?

用人单位是否可以扣发劳动者的工资，要视具体情况而定。按照《劳动法》第50条的规定，用人单位不得克扣或者无故拖欠劳动者工资。这一规定是对劳动者工资报酬权的法律保护。所谓“克扣”是指用人单位无正当理由，扣减劳动者的应得工资。劳动者的应得工资，是指在劳动者已提供正常劳动的前提下，用人单位按劳动合同约定的标准，应当支付给劳动者的全部劳动报酬。因此，用人单位克扣劳动者工资的行为，一般有两方面的衡量标准，一是看劳动者是否提供了正常的劳动；二是看用人单位是否有正当理由。如果劳动者按照劳动合同的约定，提供了无过错的正常劳动，而用人单位又不具有扣除工资的法定理由的，就属于克扣劳动者工资。克扣劳动者工资的行为是对劳动者工资权益的侵犯。

根据《工资支付暂行规定》第15条的规定，用人单位不得克扣劳动者工资，有下列情形之一的，用人单位可以代扣劳动者工资：（1）用人单位代扣代缴的个人所得税；（2）用人单位代扣代缴的应由劳动者个人负担的各项社会保险费用；（3）法院判决、裁决中要求代扣的抚养费、赡养费；（4）法律、法规规定可以从劳动者工资中扣除的其他费用。但是这种代扣劳动者工资的情况，不得视为克扣工资。

该规定第16条还规定，因劳动者本人原因给用人单位造成经济损失的，用人单位可按照劳动合同的约定，要求劳动者赔偿经济损失。经济损失的赔偿，可以从劳动者本人的工资中扣除，但每月扣除的部分不得超过劳动者当月工资的20%。若扣除后的剩余工资部分低于当地月最低工资标准，则按最低工资标准支付。此外，原劳动部在《对〈工资支付暂行规定〉有关问题的补充规定》中进一步规定，下列减发工资的情况也不得视为克扣工资：（1）国家法律、法规中有明确规定的；（2）依法签订的劳动合同中有明确规定的；（3）用人单位依法制定并经职工代表大会批准的厂规、厂纪中有明确规定的；（4）企业工资总额与经济效益相联系，经济效益下浮时，工资必须下浮的（但支付给劳动者的工资不得低于当地最低工资标准）；（5）因劳动者请事假等原因相应减发工资。

综上可见，在法定允许扣除工资的情况下，用人单位可以扣除劳动者的工资；除此之外不得作允许扣除工资的任何约定；即便在法定允许扣除工资的情况下，每次扣除额也不得超出法定限额。

依据：《工资支付暂行规定》第15、16条

18 职工全年月平均制度工作天数和工资折算是如何计算的？

职工全年月平均制度工作天数和工资折算办法计算如下：

（1）制度工作时间的计算

年工作日：365天－104天（休息日）－11天（法定节假日）＝250天

季工作日：250天÷4季＝62.5天/季

月工作日：250天÷12月＝20.83天/月

工作小时数的计算：以月、季、年的工作日乘以每日的8小时。

(2) 日工资、小时工资的折算

按照《劳动法》第51条的规定，法定节假日用人单位应当依法支付工资，即折算日工资、小时工资时不剔除国家规定的11天法定节假日。据此，日工资、小时工资的折算为：

日工资：月工资收入÷月计薪天数

小时工资：月工资收入÷（月计薪天数×8小时）

月计薪天数=（365天－104天）÷12月=21.75天

依据：《劳动和社会保障部关于职工全年月平均工作时间和工资折算问题的通知》

19 哪些劳动者可以实行不定时工作制？

由于不定时工作制主要是为一些特殊工作性质和工作条件的劳动者设定，以便其不受标准工作时间限制，因此不是所有的劳动者都可以适用不定时工作制。根据《劳动部关于企业实行不定时工作制和综合计算工时工作制的审批办法》第4条的规定："企业对符合下列条件之一的职工，可以实行不定时工作制：（一）企业中的高级管理人员、外勤人员、推销人员、部分值班人员和其他因工作无法按标准工作时间衡量的职工；（二）企业中的长途运输人员、出租汽车司机和铁路、港口、仓库的部分装卸人员以及因工作性质特殊，需机动作业的职工；（三）其他因生产特点、工作特殊需要或职责范围的关系，适合实行不定时工作制的职工。"

依据：《劳动部关于企业实行不定时工作制和综合计算工时工作制的审批办法》

20 休息日安排劳动者上班的，是否要安排补休？补休后是否需要支付延长劳动时间的工资？

劳动者每周有至少1日的休息日，如用人单位安排劳动者在休息日上班，根据《关于贯彻执行〈中华人民共和国劳动法〉若干问题的意见》第70条的规定："休息日安排劳动者工作的，应先按同等时间安排其补休，不能安排补休的应按劳动法第四十四条第（二）项的规定支付劳动者延长工作时间的工资报酬"，用人单位首选的是安排劳动者补休，在无法安排的情况下，再按照劳动法的相关规定支付工资报酬，安排补休的就无须支付延长工作时间的工资报酬。但是在法定节假日安排劳动者加班的，即使安排了补休，仍然需要支付加班工资。

依据：《关于贯彻执行〈中华人民共和国劳动法〉若干问题的意见》第70条

21 对劳动者的休息和休假都有哪些法律规定？

休息休假是指用人单位的劳动者按规定不必进行工作，而自行支配的时间。休息休假的权利是每个国家的公民都应享受的权利。

关于休息，《劳动法》第38条规定："用人单位应当保证劳动者每周至少休息一日。"本条中的休息日又称公休假日，是劳动者工作一周之后的休息时间。由于有的企业因生产、工作需要，必须连续工作的，企业必须按照本条规定，予以统筹安排，保证劳动者每周至少休息一天，即至少有一次24小时不间断的休息。有的企业因工作特殊情况，劳动者不能在休息日休息的，企业应当安排轮流工作制度，给予劳动者相等时间的补休。按照国家现行的劳动工时制度，一个工作周为5天，即工作5天，可以休息2天。

关于休假，“假”的种类较多，主要有以下几种：

（1）法定节假日。根据国务院发布的《全国年节及纪念日放假办法》的规定，我国法定节假日包括三类。第一类是全体公民放假的节日，包括：①元旦，放假1天（1月1日）；②春节，放假3天（农历正月初一、初二、初三）；③清明节，放假1天（农历清明当日）；④劳动节，放假1天（5月1日）；⑤端午节，放假1天（农历端午当日）；⑥中秋节，放假1天（农历中秋当日）；⑦国庆节，放假3天（10月1日、2日、3日）。第二类是部分公民放假的节日及纪念日，包括：①妇女节（3月8日），妇女放假半天；②青年节（5月4日），14周岁以上的青年放假半天；③儿童节（6月1日），不满14周岁的少年儿童放假1天；④中国人民解放军建军纪念日（8月1日），现役军人放假半天。第三类是少数民族习惯的节日，具体节日由各少数民族聚居地区的地方人民政府，按照各该民族习惯，规定放假日期。

（2）年休假。年休假是职工每年享有的保留工作和工资的连续休假，属于职工福利的一个组成部分。《劳动法》第45条规定：“国家实行带薪年休假制度。劳动者连续工作一年以上的，享受带薪年休假。具体办法由国务院规定。”根据国务院于2007年12月14日公布，2008年1月1日起正式施行的《职工带薪年休假条例》的规定：一是机关、团体、企业、事业单位、民办非企业单位、有雇工的个体工商户等单位的职工连续工作1年以上的，都可以享受带薪年休假。单位应当保证职工享受年休假。职工在年休假期间享受与正常工作期间相同的工资收入。二是职工累计工作已满 1 年不满 10 年的，年休假 5 天；已满 10 年不满 20 年的，年休假 10 天；已满 20 年的，年休假 15 天。国家法定休假日、休息日不计入年休假的假期。三是职工不享受当年的年休假的情形有：①职工依法享受寒暑假，其休假天数多于年休假天数的；②职工请事假累计 20 天以上并且单位按照规定不扣工资的；③累计工作满 1 年不满 10 年的职工，请病假累计 2 个月以上的；④累计工作满 10 年不满 20 年的职工，请病假累计 3 个月以上的；⑤累计工作满 20 年以上的职工，请病假累计 4 个月以上的。

（3）探亲假。根据 1981 年 3 月 14 日公布的《国务院关于职工探亲待遇的规定》第 2 条规定："凡在国家机关、人民团体和全民所有制企业、事业单位工作满一年的固定职工，与配偶不住在一起，又不能在公休假日团聚的，可以享受本规定探望配偶的待遇；与父亲、母亲都不住在一起，又不能在公休假日团聚的，可以享受本规定探望父母的待遇。但是，职工与父亲或与母亲一方能够在公休假日团聚的，不能享受本规定探望父母的待遇。"第 8 条规定："集体所有制企业、事业单位职工的探亲待遇，由各省、自治区、直辖市人民政府根据本地区的实际情况自行规定。"由此可见，探亲假不是一般非全民所有制企业职工的劳动福利待遇范围。第 3 条规定："职工探亲假期：（一）职工探望配偶的，每年给予一方探亲假一次，假期为 30 天。（二）未婚职工探望父母，原则上每年给假一次，假期为 20 天。如果因为工作需要，本单位当年不能给予假期，或者职工自愿两年探亲一次的，可以两年给假一次，假期为 45 天。（三）已婚职工探望父母的，每 4 年给假一次，假期为 20 天。探亲假期是指职工与配偶、父、母团聚的时间，另外，根据实际需要给予路程假。上述假期均包括公休假日和法定节日在内。”

（4）产假、陪产假。产假，是指在职的女性劳动者产期前后的休假待遇。根据《女职工劳动保护特别规定》第7条的规定，女职工生育享受98天产假，其中产前可以休假15天；难产的，增加产假15天；生育多胞胎的，每多生育1个婴儿，增加产假15天。女职工怀孕未满4个月流产的，享受15天产假；怀孕满4个月流产的，享受42天产假。而各地还有增加产假期限的规定，比如湖南省规定，符合法定生育条件的女职工，享受60日的奖励假。

陪产假又称陪护假、护理假，是指依法登记结婚的夫妻，女方在享受产假期间，男方享受的有一定时间看护、照料对方的休假待遇。劳动法等相关法律法规并未对陪产假做出明确的规定，具体要看各省、自治区、直辖市的实际规定。比如，广东省规定，男方享受15日的陪产假。

（5）婚丧假。婚假是指劳动者本人结婚依法享受的假期。1980年的《国家劳动总局、财政部关于国营企业职工请婚丧假和路程假问题的通知》中规定，职工本人结婚时，可以根据具体情况，由本单位行政领导批准，酌情给予一天至三天的婚假。丧假是指劳动者的直系亲属死亡时依法享受的假期。上述通知中规定，职工的直系亲属（父母、配偶和子女）死亡时，可以根据具体情况，由本单位行政领导批准，酌情给予一天至三天的丧假。

依据：《职工带薪年休假条例》；《女职工劳动保护特别规定》第7条；《国务院关于职工探亲待遇的规定》；《国家劳动总局、财政部关于国营企业职工请婚丧假和路程假问题的通知》

22 什么是医疗保险？

医疗保险是指因疾病、伤残或生育等原因需要治疗时，由国家和社会提供必要的医疗服务和物质帮助的一种社会保险制度。这种制度保证了绝大多数公民能够减少疾病带来的风险，保障生活水平。

我们这里所说的主要是劳动者享受的职工医疗保险。根据我国社会保险相关规定，建立城镇职工基本医疗保险制度的原则是：基本医疗保险的水平要与社会主义初级阶段生产力发展水平相适应；城镇所有用人单位及其职工都要参加基本医疗保险，实行属地管理；基本医疗保险费由用人单位和职工双方共同承担；基本医疗保险实行社会统筹和个人账户相结合。根据《社会保险法》第23条的规定，职工应当参加职工基本医疗保险，由用人单位和职工按照国家规定共同缴纳基本医疗保险费。无雇工的个体工商户、未在用人单位参加职工基本医疗保险的非全日制从业人员以及其他灵活就业人员可以参加职工基本医疗保险，由个人按照国家规定缴纳基本医疗保险费。

依据：《社会保险法》第23条

23 农民工可以参加医疗保险吗？

可以。国家有关规定指出，各统筹地区要采取建立大病医疗保险统筹基金的办法，重点解决农民工进城务工期间的住院医疗保障问题。根据当地实际合理确定缴费率，主要由用人单位缴费。完善医疗保险结算办法，为患大病后自愿回原籍治疗的参保农民工提供医疗结算服务。有条件的地方可以直接将稳定就业的农民工纳入城镇职工基本医疗保险。农民工也可自愿参加原籍的新型农村合作医疗。

依据：《国务院关于解决农民工问题的若干意见》

24 什么是生育保险？

生育保险是国家对怀孕、分娩女职工给予生活保障和物质帮助的一种社会保险。根据《社会保险法》的规定，职工应当参加生育保险，由用人单位按照国家规定缴纳生育保险费，职工不缴纳生育保险费。用人单位已经缴纳生育保险费的，其职工享受生育保险待遇；职工未就业配偶按照国家规定享受生育医疗费用待遇。所需资金从生育保险基金中支付。生育保险待遇包括生育医疗费用和生育津贴。生育医疗费用包括下列各项：（1）生育的医疗费用；（2）计划生育的医疗费用；（3）法律、法规规定的其他项目费用。职工有下列情形之一的，可以按照国家规定享受生育津贴：（1）女职工生育享受产假；（2）享受计划生育手术休假；（3）法律、法规规定的其他情形。生育津贴按照职工所在用人单位上年度职工月平均工资计发。

依据：《社会保险法》第六章

25 什么是养老保险？

养老保险是国家和社会根据一定的法律和法规，为解决劳动者在达到国家规定的解除劳动义务的劳动年龄界限，或因年老丧失劳动能力退出劳动岗位后的基本生活而建立的一种社会保险制度。根据我国《社会保险法》的规定，我国的养老保险大致有三种：一是职工基本养老保险，职工应当参加基本养老保险，由用人单位和职工共同缴纳基本养老保险费。无雇工的个体工商户、未在用人单位参加基本养老保险的非全日制从业人员以及其他灵活就业人员可以参加基本养老保险，由个人缴纳基本养老保险费。参加职工基本养老保险的个人达到法定退休年龄后，累计缴费不足十五年（含依照规定延长缴费）的，可以申请转入户籍所在地新型农村社会养老保险或者城镇居民社会养老保险，享受相应的养老保险待遇。参加职工基本养老保险的个人达到法定退休年龄后，累计缴费不足十五年（含依照规定延长缴费），且未转入新型农村社会养老保险或者城镇居民社会养老保险的，个人可以书面申请终止职工基本养老保险关系。社会保险经办机构收到申请后，应当书面告知其转入新型农村社会养老保险或者城镇居民社会养老保险的权利以及终止职工基本养老保险关系的后果，经本人书面确认后，终止其职工基本养老保险关系，并将个人账户储存额一次性支付给本人。二是新型农村养老保险，新型农村社会养老保险实行个人缴费、集体补助和政府补贴相结合。参加新型农村社会养老保险的农村居民，符合国家规定条件的，按月领取新型农村社会养老保险待遇。三是城镇居民社会养老保险。

需要注意的是，参保人员若在同一年度内同时参加城镇职工养老保险和城乡居民养老保险的，其重复缴费时段只计算城镇职工养老保险缴费年限，并将城乡居民养老保险重复缴费时段相应个人缴费和集体补助退还本人。参保人员不得同时领取城镇职工养老保险和城乡居民养老保险待遇。对于同时领取城镇职工养老保险和城乡居民养老保险待遇的，终止并解除城乡居民养老保险关系，除政府补贴外的个人账户余额退还本人，已领取的城乡居民养老保险基础养老金应予以退还；本人不予退还的，由社会保险经办机构负责从城乡居民养老保险个人账户余额或者城镇职工养老保险基本养老金中抵扣。

依据：《社会保险法》第二章；《城乡养老保险制度衔接暂行办法》

典型案例

案例1 劳动者与用人单位订立的劳动合同中对劳动报酬的约定不明确，从而引发争议的，应该如何处理？

基本案情

2017年6月，王某从四川农村来到广东省打工，被广东省某服装公司招聘为纺织工。入职时，服装公司与王某订立了一份劳动合同，但在劳动合同中双方却没有明确约定工资的标准，也没有明确约定发放工资的时间，只是在劳动合同中约定：服装公司根据王某的工作情况发放劳动报酬，劳动报酬不低于当地最低工资标准。王某上班后，公司按照惯例，于每个月的月底发放王某上个月的工资，每月1500元到1600元不等。9月，王某发现，其他工人的工资大都在2000元-2500元，而自己的工资最多才1600元。王某便向服装公司提出异议，要求提高自己的工资待遇。服装公司称这是因为王某进入公司的时间不到一年，操作技术无法和其他员工相比，因而其工资不能达到2000元以上，若王某认为工资不高，可以辞职。与服装公司交涉失败后，王某于9月5日以服装公司支付工资过低为由向服装公司申请辞职，服装公司于王某申请辞职的当天便批准了王某的辞职申请，但要求王某一直上班至9月30日。

王某离职后，于10月8日向区劳动争议仲裁委员会提出仲裁申请，要求服装公司按照其他工人的工资标准补足自己的工资。区劳动争议仲裁委员会经审理认为，服装公司与王某订立的劳动合同关于劳动报酬的约定不明确，且违反了劳动法规定的同工同酬原则，因而应当按照同工种同岗位劳动者的平均工资补足王某的工资。服装公司不服仲裁裁决，向人民法院提起诉讼，法院经审理认为，服装公司与王某订立的劳动合同中劳动报酬标准约定不明的过错在服装公司，应当承担相应的不利结果。至于具体的工资标准，原则上要遵循同工同酬原则，但并非意味着绝对一样，双方还可以进行协商解决。最后，服装公司在人民法院的主持下进行了和解，服装公司按照公司职工的平均工资对王某的工资进行了补足。

案例解读

本案发生的主要原因是服装公司与王某在订立劳动合同时对劳动报酬的约定不明确。由于劳动报酬事关劳动者的切身利益，是劳动合同的重要内容，用人单位在与劳动者订立劳动合同时必须对劳动报酬的标准作出约定，以免将来发生争议时不利于劳动者。

《劳动合同法》第17条将劳动报酬规定为劳动合同必须具备的内容，比《劳动法》的规定更加明确了。同时，《劳动合同法》在第18条进一步规定：劳动合同对劳动报酬和劳动条件等标准约定不明确，引发争议的，用人单位与劳动者可以重新协商。协商不成的，适用集体合同规定；没有集体合同或者集体合同未规定劳动报酬的，实行同工同酬；没有集体合同或者集体合同未规定劳动条件等标准的，适用国家有关规定。根据这一规定，劳动合同对劳动报酬和劳动条件等标准约定不明确，引发争议的，可以按照下列程序进行：(1) 用人单位与劳动者重新协商。劳动报酬约定和劳动条件约定不明确，并不会导致劳动合同的无效。允许双方进行重新协商解决有助于用人单位与劳动者之间形成良性互动，减少对抗性矛盾的发生；(2) 适用集体合同规定。按照我国法律的规定，用人单位与劳动者订立的劳动合同中劳动条件和劳动报酬等标准不得低于集体合同规定的标准。因此，在双方协商不成的情况下，有集体合同的，则适用集体合同；(3) 没有集体合同或者集体合同未规定劳动报酬的，用人单位应当对劳动者实行同工同酬。对于“同工同酬”的理解，在我国法院的审理实践中，一般认为，“同工同酬”是法律规定的一项原则，是指在相同的时间、相同的工作岗位，从事相同的工作、取得相同的业绩，获取相同的报酬。单位针对同一工种应实行相同的薪酬办法，不能因人而异区别对待，但并非同一岗位不区分劳动量的大小及工作业绩情况而统一支付相同报酬。因此，要求同酬的前提条件就是同工，而同工应指劳动者的工作岗位相同，付出了与别人同样的工作量，并取得了相同的工作业绩。

案例2　劳动合同约定社会保险费随工资发放有效吗？

基本案情

高某从农村进城务工后，在一家百货公司的手机柜台担任促销员。双方签订了期限为一年的劳动合同，约定每月基本工资1500元，并按照销售业绩发放提成。因为高某户口不在本地，该公司与高某约定单位不为高某缴纳社会保险，但是会将每月的社会保险费200元随工资发放给她。劳动合同到期后，双方没有再续签合同。高某遂以该公司没有为其缴纳在职期间的社会保险为由提起劳动争议仲裁，要求该单位为其补缴，后又诉至法院。

法院经审理查明，高某与其工作的百货公司签订过一年期的劳动合同，双方约定高某月工资1500元，另有根据销售业绩发放的提成若干。劳动合同中还约定，该百货公司不为高某缴纳社会保险，而每月向其发放200元社会保险费，由高某自行缴纳保险。诉讼中，高某认为虽然劳动合同中规定了单位每月将社会保险费发放给她，但实际上单位既没有发放这笔钱，也没有为她缴纳社会保险。该百货公司则称虽然没有为其缴纳社会保险，但社会保险费已经按月发放给了高某，并向法庭出示了高某在职期间的工资单，其上显示高某每月的工资构成为基本工资1500元，奖金若干，补贴200元。百货公司称补贴200元即为社会保险费，但高某对此不予认可。法院认为，用人单位和劳动者必须依法参加社会保险，缴纳社会保险费。现该百货公司没有依法为高某缴纳在职期间的社会保险，违反了法律的相关规定，故判决其为高某补缴在职期间的社会保险。

案例解读

社会保险制度是国家为了使劳动者在年老、患病、工伤、失业、生育等情况下获得帮助和补偿而建立的制度，并为此设立了社会保险基金。我国《社会保险法》中明确规定，用人单位和劳动者必须依法参加社会保险，缴纳社会保险费。此为法律的强制性规定，任何单位和个人必须遵守，并不得以约定的方式排除其适用。

在本案中，百货公司虽然与高某签订了劳动合同，并在合同中约定该公司不为高某缴纳社会保险，但因该项内容违反了法律的强制性规定而应被认定为无效，该公司仍有为劳动者缴纳社会保险的法定义务。在诉讼中，虽然双方对于每月发放的200元补贴是否为社会保险费的表述不一致，但并不影响案件结果。因为不论该百货公司是否将社会保险费随工资发放给了高某，只要没有以单位的名义为劳动者在社会保险经办机构办理和缴纳社会保险，就是违反法律规定，应当承担补缴的法律责任。

案例3　劳务派遣中，被派遣劳动者的工资标准应以用工单位所在地标准执行

基本案情

冯某是河北某地的农民工，2017年3月他与当地一家劳务派遣公司签订了劳动合同。同年5月，该劳务派遣公司将冯某派至北京某物业管理公司工作，该公司将冯某安排在由其负责管理的某小区担任清洁工。2017年12月，该物业公司将冯某退回河北某劳务派遣公司。后冯某以自己的工资没有达到最低工资标准为由将河北某劳务派遣公司和北京某物业公司告到劳动争议仲裁委员会，要求两公司按北京市最低工资标准为他补发工资差额。劳动争议仲裁委员会裁决支持了冯某的申请请求。但是两公司认为，冯某与河北某劳务派遣公司签订了劳动合同，工资标准自然应当按照河北省的最低工资标准执行而不应当按照北京市最低工资标准执行，遂提起劳动争议诉讼。

法院经审理认为，冯某经河北某劳务派遣公司派遣至北京某物业公司工作，实际用工单位所在地为北京市，其工资报酬应当按照用工单位所在地的标准执行，即按北京市最低工资标准执行，故判决两公司为冯某补发2017年3月至2017年12月未达到北京市最低工资标准部分的工资差额。判决作出后，两公司提出上诉，二审维持原判。

案例解读

本案是一起典型的劳务派遣单位跨地区派遣农民工的案例。根据《劳动合同法》第61条的规定，劳务派遣单位跨地区派遣劳动者的，被派遣劳动者享有的劳动报酬和劳动条件，按照用工单位所在地的标准执行。这里的“地区”，既包括省、自治区、直辖市，也包括省会所在市、较大的市、设区的市等。如果市的行政区域内有相应的标准应当按照该标准执行，如果市的行政区域没有相应的标准，就按照省、自治区、直辖市的标准执行，视劳动用工的具体情况而定。法律之所以规定劳动者的劳动条件和劳动报酬应当按照用工单位所在地区的标准执行，是有其现实原因的。在劳务派遣的具体实际中，往往是由经济较为落后而劳动力相对过剩的地区向经济较为发达但劳动力相对短缺的地区进行劳务派遣，也就是说，用工单位所在地区的劳动条件和劳动报酬条件一般要优于劳务派遣单位所在地区。在现实中，这种劳动条件和劳动报酬的差距往往成为用工单位和劳务派遣单位与劳动者发生争议的缘由。在《劳动合同法》出台之前，劳动者往往仅与劳务派遣单位订有劳动合同，与用工单位并没有直接的法律关系，劳动者的正当、合法的权益往往因此受到侵害，仅仅可以得到劳务派遣单位所在地区标准的工资，这甚至成为了劳务派遣方式被大量采用的“优势所在”。基于这种情况，《劳动合同法》对这一劳务派遣中的焦点问题做了明确规定，以维护劳动者的正当、合法权益，促进劳务派遣市场的健康发展。

因此，本案中，虽然冯某与河北某劳务派遣公司在劳动合同中约定了工资标准，但一旦冯某被派遣至北京工作，那么他的工资标准必须按照不低于用工单位所在地北京市的最低工资标准执行。

案例4　加班费能计算在最低工资中吗？

基本案情

农民工叶某在一家保洁公司工作，双方签订了劳动合同，约定实行标准工时制，月工资为本市最低工资标准。2018年7月，该公司有几名保洁员突然提出辞职，公司一时间无法找到其他人手，已经接下的任务又不能不做，于是包括叶某在内的其他员工只能轮番加班工作。7月底，公司除发放基本工资外，还多支付了叶某200元的加班费。后来，叶某得知，2018年7月，当地最低工资标准进行了调整，提高了70元，但公司仍按以前的标准发工资，属于违反法律规定。于是他提起劳动争议仲裁，要求该公司补发其2018年7月的工资差额70元。该公司认为，2018年7月向叶某发放了总额为930元的工资，已经远远超出800元的最低工资标准，故不应再进行补发。劳动争议仲裁委员会裁决支持了叶某的申请请求，该公司不服裁决，诉至法院。

法院经审理查明，叶某与该保洁公司签订了期限为两年的劳动合同，叶某任职保洁员，双方约定工资按照不低于本市最低工资标准发放。2018 年 7 月，该公司支付了叶某 730 元工资及 200 元加班费。法院认为，根据当地政府发布的最低工资标准，2018 年 7 月以前，最低工资标准为每月 730 元；从 2018 年 7 月起，最低工资标准为每月 800 元。虽然该公司在 2018 年 7 月向叶某发放的工资总额为 930 元，但其中包含的 200 元属于延长劳动时间应得的工资报酬，在扣除此笔款项后，叶某的工资低于当地最低工资标准，故判决该公司支付叶某 2018 年 7 月的工资差额 70 元。判决作出后，该公司不服提出上诉，二审维持原判。

案例解读

本案中，在衡量叶某的工资是否达到最低工资标准时，该保洁公司向其支付的 200 元加班费是否可以计算到工资中是双方争议的焦点。由于最低工资是劳动者在劳动合同中约定或者法律规定的工作时间内正常提供劳动所能获得的最少劳动报酬，在其付出额外劳动的情况下，比如加班加点、艰苦条件下作业等，其所获得的加班工资或津贴、补助等是对这部分特殊劳动的回报，不应当计算在最低工资中。根据《最低工资规定》第 12 条的规定，在劳动者提供正常劳动的情况下，用人单位应支付给劳动者的工资在剔除延长工作时间工资，中班、夜班、高温、低温、井下、有毒有害等特殊工作环境、条件下的津贴，以及法律、法规和国家规定的劳动者福利待遇等以后，不得低于当地最低工资标准。因此，本案中核算叶某的工资是否低于最低工资标准时，就不应当将该公司支付的加班费 200 元计算在内。

案例5 试用期工资低于转正工资80%，能否要求用人单位补足差额?

基本案情

2018年6月7日，李某入职某设备制造企业，任财务部职员，双方建立劳动关系。签订为期三年的劳动合同，试用期三个月，合同规定试用期工资每月为2240元，转正后每月工资3200元（其中基本工资2800元、补贴400元）。

2018年10月8日，李某想到外地发展，与企业办理了解除劳动关系手续，双方解除劳动关系。

李某与企业解除劳动关系后，了解到试用期工资不应低于其转正后工资80%，试用期工资应为3200元的80%，即2560元，单位少支付其工资960元，并认为试用期三个月不合理，要求企业支付超过法定试用期的赔偿金3200元。

案例解读

《劳动合同法》第19条第1款规定："劳动合同期限三个月以上不满一年的，试用期不得超过一个月；劳动合同期限一年以上不满三年的，试用期不得超过二个月；三年以上固定期限和无固定期限的劳动合同，试用期不得超过六个月。"第83条规定："用人单位违反本法规定与劳动者约定试用期的，由劳动行政部门责令改正；违法约定的试用期已经履行的，由用人单位以劳动者试用期满月工资为标准，按已经履行的超过法定试用期的期间向劳动者支付赔偿金。"

本案中，李某与企业签订的合同中明确约定合同期限是三年，试用期三个月，没有违反《劳动合同法》第 19 条的规定，故李某提出支付超过法定试用期赔偿金的请求不能得到支持。

《劳动合同法》第 20 条规定："劳动者在试用期的工资不得低于本单位相同岗位最低档工资或者劳动合同约定工资的百分之八十，并不得低于用人单位所在地的最低工资标准。"同时，根据《关于工资总额组成的规定》第 4 条规定："工资总额由下列六个部分组成：（一）计时工资；（二）计件工资；（三）奖金；（四）津贴和补贴；（五）加班加点工资；（六）特殊情况下支付的工资。"

本案中李某转正后每月工资额为基本工资加补贴共计 3200 元，试用期每月工资应为 3200 元的 80%，即 2560 元，而并非企业按照工资结构中的基本工资 2800 元的 80%，即 2240 元计算，故应支持劳动者要求企业支付三个月试用期工资差额 960 元的诉求。

案例 6　医疗期内终止劳动合同不合法

基本案情

何某为某宾馆女员工，于 2016 年 8 月 1 日入职，双方签订了为期两年的劳动合同。自 2018 年 6 月 15 日起，何某一直患病休病假。2018 年 7 月 31 日，宾馆向何某发出《终止劳动合同通知书》，终止双方的劳动合同。何某认为自己尚在医疗期内，宾馆终止劳动合同违反法律规定，遂申请劳动争议仲裁，要求某宾馆继续履行劳动合同。

仲裁委审理后认为，按照何某的累计工作年限和在某宾馆的工作年限，何某的医疗期应为 3 个月，某宾馆终止劳动合同时，何某尚在规定的医疗期内，按照法律规定，某宾馆应将劳动合同延续至何某医疗期满后，才可终止劳动合同，故裁决某宾馆继续履行劳动合同。

案例解读

医疗期是劳动者因患病或非因工负伤停止工作治病休息的期限。医疗期的期限由劳动者的累计工作年限和在本单位的工作年限决定，根据《企业职工患病或非因工负伤医疗期规定》，从 3 个月到 24 个月不等。根据《劳动合同法》第 42 条的规定，劳动者患病或者非因工负伤，在规定的医疗期内，用人单位不得依照《劳动合同法》第 40、41 条的规定解除劳动合同；根据《劳动合同法》第 45 条的规定，劳动合同期满，劳动者在规定的医疗期内的，劳动合同应当续延至相应的情形消失时终止。在医疗期内，劳动者依照相关规定享有获得病假工资、相应医疗待遇等权利。

案例 7　依员工意愿未缴纳社会保险，用人单位仍应依法补缴

基本案情

杨某于 2012 年 3 月进入某食品公司工作，工作岗位为质检员，双方签订《劳动合同书》。工作期间，某食品公司没有为杨某缴纳社会保险。2018 年 6 月 24 日，杨某以某食品公司未为其缴纳社会保险为由提出解除劳动合同，并向某食品公司提交了《解除劳动合同通知书》。

某食品公司主张其未为杨某缴纳社会保险的原因是其本人曾向单位写了自愿不缴纳社会保险的保证书，所以未缴纳社会保险的责任在于杨某本人，不同意支付解除劳动合同经济补偿金。杨某遂提

起劳动争议仲裁。

劳动仲裁委审理后认为，缴纳社会保险是法律规定的强制义务，不依当事人意志改变。根据《社会保险法》及相关规定，用人单位应自用工之日起30日内为劳动者办理社会保险缴纳手续。

案例解读

杨某于2012年即进入食品公司工作，虽然写了自愿不缴纳社会保险的保证书，但是依法缴纳社会保险是《社会保险法》和《劳动法》规定的劳动关系双方的义务。《社会保险法》第4条规定，中华人民共和国境内的用人单位和个人依法缴纳社会保险费，有权查询缴费记录、个人权益记录，要求社会保险经办机构提供社会保险咨询等相关服务。个人依法享受社会保险待遇，有权监督本单位为其缴费情况。《劳动法》第72条规定，社会保险基金按照保险类型确定资金来源，逐步实行社会统筹。用人单位和劳动者必须依法参加社会保险，缴纳社会保险费。可见，依法缴纳社会保险是法律规定的一项强制性义务，即便杨某写了保证书也是违法的，某食品公司的主张不能够作为其未为杨某缴纳社会保险的理由。根据《劳动合同法》第38条第1款的规定，用人单位未依法为劳动者缴纳社会保险的，劳动者可以解除劳动合同，用人单位还需要支付解除劳动合同经济补偿金。

案例8　未休年假的工资报酬如何计算？

基本案情

小李是物业公司的一名员工，由于工作性质的原因工作期间经常加班，并且在入职之后也没有享受过带薪年假。入职两年后，小李以索要未休年假工资报酬为由将物业公司起诉到了法院。庭审中，小李主张自己每月工资2000元，还有加班费1000元，在职期间应该享受五天年假却没有能享受，要求法院按照月工资3000元的标准确定他的日工资标准，并按照300%计算五天。最终，法院在判决的时候没有采纳小李的意见，而是按照每月2000元的工资标准确定了日工资标准，并按照五天日工资的200%计算得出物业公司应该支付的工资报酬。

案例解读

根据《工资支付暂行规定》第11条的规定，劳动者依法享受年休假、探亲假、婚假、丧假期间，用人单位应按劳动合同规定的标准支付劳动者工资。按照上述规定，劳动者在年休假期间享受与正常工作相同的工资收入。自2008年1月1日起实施的《职工带薪年休假条例》第2条规定，机关、团体、企业、事业单位、民办非企业单位、有雇工的个体工商户等单位的职工连续工作1年以上的，享受带薪年休假。单位应当保证职工享受年休假。职工在年休假期间享受与正常工作期间相同的工资收入。第5条中规定，单位根据生产、工作的具体情况，并考虑职工本人意愿，统筹安排职工年休假。年休假在1个年度内可以集中安排，也可以分段安排，一般不跨年度安排。单位因生产、工作特点确有必要跨年度安排职工年休假的，可以跨1个年度安排。单位确因工作需要不能安排职工休年休假的，经职工本人同意，可以不安排职工休年休假。对职工应休未休的年休假天数，单位应当按照该职工日工资收入的300%支付年休假工资报酬。

而工资基数的确定方法需要依照《企业职工带薪年休假实施办法》第 11 条的规定，即计算未休年休假工资报酬的日工资收入按照职工本人的月工资除以月计薪天数（21.75）进行折算。月工资是指职工在用人单位支付其未休年假工资报酬前 12 个月剔除加班费后的月平均工资。在用人单位工作时间不满 12 个月的，按实际月份计算月平均工资。

需要注意的是，带薪年休假的 300% 工资报酬中已经包含了用人单位支付职工正常工作期间的工资收入部分。具体核算的时候，再多付 200% 的工资就可以了。同时，在确定工资基数的时候，除了要剔除加班费以外，劳动者的偶然性收入，比如年终绩效奖、提成工资等，一般根据实际情况判断是否剔除。此外，如果劳动者因个人原因书面放弃休假申请或者当用人单位安排劳动者享受年休假、因劳动者个人原因未能如期休年休假的，应视为劳动者放弃休年休假，无法享受到 300% 年休假工资报酬。当然，带薪年假权利的放弃需要劳动者书面申请；但是，带薪年假权利的享受并不以劳动者书面申请为前提。也就是说，用人单位在诉讼中做出因为劳动者本人没有申请享受年假所以用人单位没有安排年假的抗辩是无法成立的。

CHAPTER

第四章

未成年工与女职工劳动保护

与成年男性劳动者相比，女职工、未成年工有着特殊的生理特点和身体条件，他们参加劳动过程具有自身的特殊性，如果法律不对其劳动权益进行特殊保护，他们在劳动过程中的身心健康很容易受到伤害，因此劳动法律规范严格规定了女职工和未成年工不能从事的工作岗位和环境，并对这些特殊群体的福利待遇等作出了特别安排。

1 劳动者必须满多大年龄才可以参加工作?

通常只有年满16周岁的人才可以参加工作。在我国，招用不满16周岁的未成年人，即构成我们通常所说的使用童工。《劳动法》第15条规定，禁止用人单位招用未满16周岁的未成年人。《禁止使用童工规定》第4条规定，用人单位招用人员时，必须核查被招用人员的身份证；对不满16周岁的未成年人，一律不得录用。用人单位录用人员的录用登记、核查材料应当妥善保管。

在特殊的情形下，比如文艺、体育单位经未成年人的父母或者其他监护人同意，可以招用不满16周岁的专业文艺工作者、运动员。但是，即使在这种情况下，用人单位也应当保障被招用的不满16周岁的未成年人的身心健康，并保障其接受义务教育的权利。

此外，不满16周岁的未成年人参加由学校、其他教育、职业培训机构，按照国家有关规定所组织进行的，不影响未成年人安全和健康的教育实践、职业技能培训劳动，也是合法的，即不认为是使用童工。

同时，我国法律也严格禁止任何单位或者个人为不满16周岁的未成年人介绍就业。

依据：《劳动法》第15条；《禁止使用童工规定》

2 法律对未成年劳动者规定了哪些特殊的保护措施?

未成年劳动者是指已经年满16周岁，但未满18周岁的劳动者。基于未成年人尚处于身体发育阶段的特点，1995年1月1日实施、原劳动部颁布的《未成年工特殊保护规定》对未成年劳动者的特殊保护措施作了较为详细的规定。

一是用人单位不得安排未成年工从事以下范围的劳动：(1)《生产性粉尘作业危害程度分级》国家标准中第一级以上的接尘作业；(2)《有毒作业分级》国家标准中第一级以上的有毒作业；(3)《高处作业分级》国家标准中第二级以上的高处作业；(4)《冷水作业分级》国家标准中第二级以上的冷水作业；(5)《高温作业分级》国家标准中第三级以上的高温作业；(6)《低温作业分级》国家标准中第三级以上的低温作业；(7)《体力劳动强度分级》国家标准中第四级体力劳动强度的作业；(8)矿山井下及矿山地面采石作业；(9)森林业中的伐木、流放及守林作业；(10)工作场所接触放射性物质的作业；(11)有易燃易爆、化学性烧伤和热烧伤等危险性大的作业；(12)地质勘探和资源勘探的野外作业；(13)潜水、涵洞、涵道作业和海拔三千米以上的高原作业（不包括世居高原者）；(14)连续负重每小时在六次以上并每次超过二十公斤，间断负重每次超过二十五公斤的作业；(15)使用凿岩机、捣固机、气镐、气铲、铆钉机、电锤的作业；(16)工作中需要长时间保持低头、弯腰、上举、下蹲等强迫体位和动作频率每分钟大于五十次的流水线作业；(17)锅炉司炉。

二是未成年工患有某种疾病或具有某些生理缺陷（非残疾型）时，用人单位不得安排其从事以下范围的劳动：(1)《高处作业分级》国家标准中第一级以上的高处作业；(2)《低温作业分级》国家标准中第二级以上的低温作业；(3)《高温作业分级》国家标准中第二级以上的高温作业；(4)《体力劳动强度分级》国家标准中第三级以上体力劳动强度的作业；(5) 接触铅、苯、汞、甲醛、二硫化碳等易引起过敏反应的作业。

患有某种疾病或具有某些生理缺陷（非残疾型）的未成年工，是指有以下一种或一种以上情况者：(1) 心血管系统，比如先天性心脏病；克山病；收缩期或舒张期二级以上心脏杂音。(2) 呼吸系统，比如中度以上气管炎或支气管哮喘；呼吸音明显减弱；各类结核病；体弱儿，呼吸道反复感染者。(3) 消化系统，比如各类肝炎；肝、脾肿大；胃、十二指肠溃疡；各种消化道疝。(4) 泌尿系统，比如急、慢性肾炎；泌尿系感染。(5) 内分泌系统，比如甲状腺机能亢进；中度以上糖尿病。(6) 精神神经系统，比如智力明显低下；精神忧郁或狂暴。(7) 肌肉、骨骼运动系统，比如身高和体重低于同龄人标准；一个及一个以上肢体存在明显功能障碍；躯干四分之一以上部位活动受限，包括强直或不能旋转。(8) 其他，比如结核性胸膜炎；各类重度关节炎；血吸虫病；严重贫血，其血色素每升低于九十五克（<9.5g/dL）。

三是用人单位应按下列要求对未成年工定期进行健康检查：(1) 安排工作岗位之前；(2) 工作满一年；(3) 年满十八周岁，距前一次的体检时间已超过半年。

用人单位应根据未成年工的健康检查结果安排其从事适合的劳动，对不能胜任原劳动岗位的，应根据医务部门的证明，予以减轻劳动量或安排其他劳动。

四是对未成年工的使用和特殊保护实行登记制度。(1) 用人单位招收使用未成年工，除符合一般用工要求外，还须向所在地的县级以上劳动行政部门办理登记。劳动行政部门根据《未成年工健康检查表》《未成年工登记表》，核发《未成年工登记证》。(2) 各级劳动行政部门须按《未成年工特殊保护规定》的有关规定，审核体检情况和拟安排的劳动范围。（3）未成年工须持《未成年工登记证》上岗。（4）《未成年工登记证》由国务院劳动行政部门统一印制。

依据：《未成年工特殊保护规定》

3 根据《女职工劳动保护特别规定》，女职工禁忌从事的劳动范围具体是哪些？

一是女职工禁忌从事的劳动范围：

（1）矿山井下作业；

（2）体力劳动强度分级标准中规定的第四级体力劳动强度的作业；

（3）每小时负重 6 次以上、每次负重超过 20 公斤的作业，或者间断负重、每次负重超过 25 公斤的作业。

二是女职工在经期禁忌从事的劳动范围：

（1）冷水作业分级标准中规定的第二级、第三级、第四级冷水作业；

（2）低温作业分级标准中规定的第二级、第三级、第四级低温作业；

（3）体力劳动强度分级标准中规定的第三级、第四级体力劳动强度的作业；

（4）高处作业分级标准中规定的第三级、第四级高处作业。

三是女职工在孕期禁忌从事的劳动范围：

（1）作业场所空气中铅及其化合物、汞及其化合物、苯、镉、铍、砷、氰化物、氮氧化物、一氧化碳、二硫化碳、氯、己内酰胺、氯丁二烯、氯乙烯、环氧乙烷、苯胺、甲醛等有毒物质浓度超过国家职业卫生标准的作业；

（2）从事抗癌药物、己烯雌酚生产，接触麻醉剂气体等的作业；

（3）非密封源放射性物质的操作，核事故与放射事故的应急处置；

（4）高处作业分级标准中规定的高处作业；

（5）冷水作业分级标准中规定的冷水作业；

（6）低温作业分级标准中规定的低温作业；

（7）高温作业分级标准中规定的第三级、第四级的作业；

（8）噪声作业分级标准中规定的第三级、第四级的作业；

（9）体力劳动强度分级标准中规定的第三级、第四级体力劳动强度的作业；

（10）在密闭空间、高压室作业或者潜水作业，伴有强烈振动的作业，或者需要频繁弯腰、攀高、下蹲的作业。

四是女职工在哺乳期禁忌从事的劳动范围：

（1）孕期禁忌从事的劳动范围的第一项、第三项、第九项；

（2）作业场所空气中锰、氟、溴、甲醇、有机磷化合物、有机氯化合物等有毒物质浓度超过国家职业卫生标准的作业。

依据：《女职工劳动保护特别规定》附录

4 为什么女职工不能从事强度比较高的体力劳动？

妇女长期从事很高强度的劳动，对女性生理机能会产生不良影响，主要有以下几个方面：

（1）从事重体力劳动的妇女，月经失调较为多见，可出现痛经、月经过多，少数还可表现为月经不规则、闭经等。

（2）从事重体力劳动时，由于用力而使腹压增加，腹压增加可使子宫和阴道等器官被压向下，出现一时性的子宫下垂。如果长期持续重复作用，可使子宫倒后和轻度的子宫脱落。

（3）未成年的女性，长期从事重体力的劳动，可影响骨盆的正常发育，造成骨盆狭窄或扁平骨盆。

（4）孕妇从事重体力劳动，有发生自然流产或早产的危险。

5 如何理解劳动法律规定中所称的冷水作业？

根据国家标准《冷水作业分级》，冷水作业指在生产劳动过程中，操作人员接触冷水温度等于或小于12℃的作业。冷水作业时间率，指在工作日内操作人员实际接触冷水作业的时间占工作日总时间的百分率。冷水作业分级是按操作人员实际接触的冷水温度和冷水作业时间率将冷水作业分为四级，级别越高表示冷强度越大。

依据：《冷水作业分级》

6 如何理解劳动法律规定中所称的低温作业？

根据国家标准《低温作业分级》，低温作业指在生产劳动过程中，其工作地点平均气温等于或低于5℃的作业。低温作业时间率，指一个劳动日在低温环境中净劳动时间占工作日总时间的百分率。

低温作业分级按工作地点的温度和低温作业时间率，将低温作业分为四级，级别高者冷强度大。

依据：《低温作业分级》

7 如何理解劳动法律规定中所称的高处作业？

根据国家标准《高处作业分级》，高处作业是指在坠落高度基准面2m以上（含2m）有可能坠落的高处进行的作业。通过最低坠落着落点的水平面，称为坠落高度基准面。高处作业高度分为2m至5m，5m以上至15m，15m以上至30m及30m以上四个区段。

依据：《高处作业分级》

8 《女职工劳动保护特别规定》对产假假期作了哪些规范？

原《女职工劳动保护规定》规定的女职工产假为90天，《劳动法》规定为“不少于90天”。从有利于女职工身体恢复和母乳喂养的角度，《女职工劳动保护特别规定》参照国际劳工组织有关公约关于“妇女须有权享受不少于14周的产假”的规定，将生育产假假期延长至14周（即98天）。

对女职工流产的，原《女职工劳动保护规定》仅原则规定“给予一定时间的产假”，实践中各用人单位掌握的休假时间长短不一。为保障流产女职工的权益，《女职工劳动保护特别规定》参照原劳动部《关于女职工生育待遇若干问题的通知》中关于流产假的档次划分，明确了流产产假，规定：怀孕未满4个月流产的，享受

15天产假；怀孕满4个月流产的，享受42天（6周）产假。

依据：《女职工劳动保护特别规定》第7条

典型案例

案例1 劳务派遣中，用工单位是否可以将怀孕女职工退回派遣单位？

基本案情

2016年3月26日，甲对外服务有限公司（以下简称外服公司）与陈某签订了劳动合同和派遣协议书，由外服公司将陈某派遣至乙保修服务有限公司（以下简称保修服务公司）工作。2017年1月19日，保修服务公司以陈某经过培训仍不能胜任工作为由解除聘用关系，并将其退回外服公司。同年1月23日，外服公司出具退工单，解除与陈某的劳动关系，退工时间为2017年1月19日。外服公司支付陈某工资至2017年1月19日。陈某于2017年3月8日提起劳动仲裁，以其当时处于孕期为由，要求：1. 撤销外服公司作出的解除劳动合同的决定，恢复与陈某的劳动关系；2. 撤销保修服务公司作出的解除聘用关系的决定，恢复与陈某的劳务关系；3. 外服公司补发2017年1月20日至实际恢复关系期间的工资；4. 外服公司补缴2017年1月20日至实际恢复关系期间的社会保险费；5. 保修服务公司承担自2017年起至实际恢复劳务关系期间的赔偿金，外服公司承担连带赔偿责任。

2017年4月28日，仲裁机关作出裁决：1. 撤销外服公司的解除决定，恢复与陈某的劳动关系；2. 外服公司支付陈某2017年1

月20日至2017年3月31日的工资20000元；3. 驳回陈某的其他请求事项。

案例解读

劳务派遣，是指劳务派遣单位与被派遣劳动者订立劳动合同后，将该劳动者派遣到用工单位从事劳动的一种特殊的用工形式。劳务派遣表现出来的最大特点是劳动力雇佣与使用相分离，劳动者与派遣单位有劳动关系之名却无劳动之实，与用工单位无劳动关系之名却存在劳动之实，形成了复杂的“有关系没劳动，有劳动没关系”的特殊形态。劳务派遣与传统典型的劳动法律关系只有两方主体不同，其涉及劳务派遣单位、用工单位和派遣劳动者三方主体，形成三方法律关系。在这三方法律关系中，劳务派遣单位与派遣劳动者订立劳动合同，双方的权利义务关系适用典型劳动合同关系的法律规定。在法律上，劳务派遣单位就是用人单位，应该对派遣劳动者承担法律上雇主的相关义务。同时，劳务派遣单位还应当与用工单位订立劳务派遣协议。劳务派遣协议应当约定派遣岗位和人员数量、派遣期限、劳动报酬和社会保险费的数额与支付方式以及违反协议的责任等。

《劳动合同法》第65条规定了在符合法定的过失性原因及非过失性原因的情形下，用工单位退回劳动者及派遣单位解除劳动合同的权利，即“被派遣劳动者可以依照本法第三十六条、第三十八条的规定与劳务派遣单位解除劳动合同。被派遣劳动者有本法第三十九条和第四十条第一项、第二项规定情形的，用工单位可以将劳动者退回劳务派遣单位，劳务派遣单位依照本法有关规定，可以与劳动者解除劳动合同。”但对于处于“三期”内的女职工是否可以以非过失性的原因退回派遣单位，《劳动合同法》未予明确规定。

本案中，保修服务公司认为陈某因不能胜任工作，经过培训或者调整工作岗位，仍不能胜任工作而将陈某退回外服公司的行为形式上符合《劳动合同法》第40条和第65条的规定。但由于陈某处于孕期，劳动能力相对欠缺，保修服务公司的退回行为实际上对陈某造成了损害，因此，对于用工单位的此种退回行为应予否定性评价。《劳动合同法》第42条规定：劳动者有下列情形之一的，用人单位不得依照本法第四十条、第四十一条的规定解除劳动合同：……（4）女职工在孕期、产期、哺乳期的……该条款对用人单位因非过失性原因解除处于“三期”内女职工的劳动合同作了禁止性规定，从保护“三期”内女职工的立法精神来看，用工单位应同样遵循这一规定，本案中用工单位的退工行为明显违背了法律保护特殊群体的初衷。

案例2 员工承诺不怀孕，怀孕后用人单位能够解除劳动合同吗？

基本案情

某民营高新技术企业为拓展产品渠道，招聘大客户关系经理1名，由于本岗位对公司销售目标达成有重要影响，公司给出了非常优厚的待遇。王女士由于个人综合素质、行业经验、过往业绩等方面的优异表现，成功获得公司的认可并被录用。入职前，公司明确要求王女士必须保证在三年内不能够怀孕，否则劳动合同将自动终止。王女士考虑到公司待遇很好，她表示愿意接受，并签订了劳动合同及承诺书。一年后，王女士无意中发现自己怀孕。公司认为，双方的劳动合同有约定要求“三年内不能够怀孕”条款，遂终止劳动合同。王女士认为公司的做法不近人情，于是申请劳动仲裁。

案例解读

员工即便在劳动合同中承诺不怀孕，其怀孕后用人单位也不能够解除劳动合同。实际上，用人单位和劳动者双方签订劳动合同，是不可以约定员工不能怀孕的，约定者无效。本案中，公司与王女士签订劳动合同时，约定“三年内不能够怀孕”条款。尽管在订立劳动合同时，王女士也同意了该项条款，但是公司的做法干涉了王女士的个人权利，违反法律规定。依据《劳动合同法》第 26 条的规定，“下列劳动合同无效或者部分无效：（三）违反法律、行政法规强制性规定的”，该条款因违背法律规定而不具备法律效力，对双方都没有约束力。同时，公司以王女士怀孕要求终止劳动合同也是违法的。女员工在怀孕期间，用人单位不能够解除劳动合同关系。因此，王女士和公司依然存在劳动合同关系。

案例 3 女工做产检、休产假期间，工资应当照发

基本案情

付女士于 2015 年 6 月入职某航空公司，担任地勤一职，双方签订三年期固定期限劳动合同，合同中约定付女士的月基本工资为 1800 元，加上岗位工资每月共计 3000 元，付女士在职期间航空公司未为其缴纳生育保险。

2017 年 9 月付女士怀孕，之后一直坚持工作，只是有时按照医

院的要求进行产前检查，但每次产检航空公司都将此算作事假，并扣发付女士相应的事假工资。2018 年 6 月 5 日，付女士剖宫产生育一女，产假期间航空公司一直按照付女士基本工资 1800 元的标准每月向其支付工资。付女士于 2018 年 7 月 3 日提起仲裁，请求航空公司支付产检和产假期间工资差额。

劳动仲裁委审理后认为，依据《女职工劳动保护特别规定》第 6 条的规定，女职工依法享有产前检查的权利，怀孕女职工如在劳动时间内进行产前检查，所需时间应计入劳动时间，且用人单位应为怀孕女职工适时的提供方便，按出勤对待，不能按病假、事假、旷工处理，故航空公司应支付付女士产检期间克扣的工资。由于航空公司没有为付女士缴纳生育保险，因此付女士产假期间工资应由航空公司承担，工资标准参照她正常出勤的月工资水平。

本案中，航空公司在付女士产假期间以每月基本工资 1800 元的工资标准向她支付产假工资，也不符合相关法律规定，所以航空公司应补足付女士产假期间的工资差额。

案例解读

我国法律对于女职工，特别是处在孕期、产期和哺乳期（俗称“三期”）内的女职工有一系列的特别保护措施。除了上述《女职工劳动保护特别规定》之外，《劳动合同法》也规定，处在“三期”内的女职工，用人单位不得依据本法第 40 条和第 41 条解除劳动合同。劳动合同期限届满而女职工尚处在“三期”内的，劳动合同应顺延至“三期”期满。但是法律对于女职工的特别保护也并非无限的，如果女职工严重违反用人单位的规章制度，或者营私舞弊给用人单位造成重大损害的，用人单位有权依法解除劳动合同。另外，如果女职工与用人单位协商一致的，也可以解除劳动合同。

案例 4 违法使用童工，用人单位被行政处罚

基本案情

2017 年 4 月，劳动保障监察机构接到群众举报，反映某餐饮企业使用一名童工。劳动保障监察机构根据举报提供的线索找到一名疑似童工的员工，单位负责人解释说该员工是其当厨师的舅舅介绍来打工的，才工作了 20 多天，录用他时其舅舅保证他已满 16 岁，但是单位不能提供该员工的身份证以及其他录用登记证明材料。劳动保障监察机构立即与该员工户籍所在地派出所联系，当地派出所积极配合，开具户籍证明，证明该员工出生于 2001 年 5 月 15 日，即该员工年龄未满 16 周岁，确实是童工。劳动保障监察机构根据《禁止使用童工规定》第 6 条和第 8 条规定对该单位处以一万五千元罚款，并责令单位在三日内将该童工遣送回家。

案例解读

使用童工的行为是国家明令禁止的行为，《劳动法》第 15 条规定："禁止用人单位招用未满十六周岁的未成年人。"《禁止使用童工规定》第 2 条规定，国家机关、社会团体、企业事业单位、民办非企业单位或者个体工商户均不得招用不满 16 周岁的未成年人。

本案中虽然该员工距 16 周岁仅剩一个月左右，但是该单位行为仍属于使用童工行为。国家对使用童工行为一贯高度重视，并制

定了严厉的处罚标准。《禁止使用童工规定》第6条规定："用人单位使用童工的，由劳动保障行政部门按照每使用一名童工每月处5000元罚款的标准给予处罚；在使用有毒物品的作业场所使用童工的，按照《使用有毒物品作业场所劳动保护条例》规定的罚款幅度，或者按照每使用一名童工每月处5000元罚款的标准，从重处罚。劳动保障行政部门并应当责令用人单位限期将童工送回原居住地交其父母或者其他监护人，所需交通和食宿费用全部由用人单位承担。用人单位经劳动保障行政部门依照前款规定责令限期改正，逾期仍不将童工送交其父母或者其他监护人的，从责令限期改正之日起，由劳动保障行政部门按照每使用一名童工每月处1万元罚款的标准处罚，并由工商行政管理部门[①]吊销其营业执照或者由民政部门撤销民办非企业单位登记；用人单位是国家机关、事业单位的，由有关单位依法对直接负责的主管人员和其他直接责任人员给予降级或者撤职的行政处分或者纪律处分。"

针对一些用人单位招用人员随意，对年龄、身份情况不进行认真核查，以及故意不保存招用人员资料，造成是否使用童工难以查证的情况，国家对用人单位招用人员的录用备案资料也作出特别要求。《禁止使用童工规定》第4条规定："用人单位招用人员时，必须核查被招用人员的身份证；对不满16周岁的未成年人，一律不得录用。用人单位录用人员的录用登记、核查材料应当妥善保管。"第8条规定："用人单位未按照本规定第四条的规定保存录用登记材料，或者伪造录用登记材料的，由劳动保障行政部门处1万元的罚款。"在实际的执法过程中，劳动保障监察机构可能会发现，有

---

① 现为市场监管部门。

的单位确实系恶意使用童工，而有的单位则是误用童工，这些单位的普遍表现是录用资料不完备或者根本没有录用资料，例如本案涉及的单位，就是因为没有完善的录用登记资料，没有对介绍人提供的情况加以核实，从而导致使用童工的事实，最终被劳动保障监察机构处以一万五千元的罚款。

CHAPTER

第五章

劳动争议调解、仲裁与诉讼

劳动者和用人单位之间如果发生劳动争议或者说劳动纠纷，可以通过协商、调解、仲裁、诉讼四种途径解决。协商是指劳动者与用人单位就争议的问题直接商量解决办法，通过自愿达成协议来消除隔阂。但是，协商程序不是处理劳动争议的必经程序。双方可以协商，也可以不协商，完全出于自愿，任何人都不能强迫。调解是指劳动纠纷的一方当事人就已经发生的劳动纠纷向劳动调解组织申请协调解决的程序。调解程序也由当事人自愿选择，且调解协议也不具有强制执行力，如果一方反悔，同样可以向仲裁机构申请仲裁。劳动仲裁是劳动纠纷的一方当事人将纠纷提交劳动争议仲裁委员会进行处理的程序。劳动争议仲裁委员会是国家授权、依法独立处理劳动争议案件的专门机构。该程序既具有灵活、快捷的特点，又具有强制执行的效力，是解决劳动纠纷的重要手段。申请劳动仲裁是解决劳动争议的选择程序之一，也是提起诉讼的前置程序。诉讼程序即我们平常所说的"打官司"。诉讼程序具有较强的法律性、程序性，作出的判决也具有最终的强制执行力。

1 目前在劳动合同领域有关保障农民工权益的法律、法规、政策依据主要有哪些？在保障农民工工资方面主要有哪些途径？

目前在劳动合同领域有关保障农民工权益的法律、法规、政策主要有：(1)《劳动合同法》；(2)《劳动法》；(3)《社会保险法》；(4)《劳动争议调解仲裁法》；(5)《职业病防治法》；(6)《安全生产法》；(7)《工伤保险条例》；(8)《职工带薪年休假条例》；(9)《劳动合同法实施条例》；(10)《关于解决农民工问题的若干意见》；(11)《保障农民工工资支付条例》；(12)《最高人民法院关于审理劳动争议案件适用法律问题的解释（一)》等。

在保障农民工工资的问题上，根据《国务院办公厅关于全面治理拖欠农民工工资问题的意见》等，主要有以下途径：

一是严格规范劳动用工管理。各类企业应当依法与招用的农民工签订劳动合同并严格履行，建立职工名册并办理劳动用工备案。在工程建设领域，坚持施工企业与农民工先签订劳动合同后进场施工，全面实行农民工实名制管理制度，建立劳动计酬手册，记录施工现场作业农民工的身份信息、劳动考勤、工资结算等信息，逐步实现信息化实名制管理。施工总承包企业要加强对分包企业劳动用工和工资发放的监督管理，在工程项目部配备劳资专管员，建立施工人员进出场登记制度和考勤计量、工资支付等管理台账，实时掌握施工现场用工及其工资支付情况，不得以包代管。施工总承包企业和分包企业应将经农民工本人签字确认的工资支付书面记录保存两年以上备查。

二是明确工资支付各方主体责任。各类企业应当严格依法将工资按月足额支付给农民工本人，严禁将工资发放给不具备用工主体资格的组织和个人。在工程建设领域，施工总承包企业（包括直接承包建设单位发包工程的专业承包企业，下同）对所承包工程项目的农民工工资支付负总责，分包企业（包括承包施工总承包企业发包工程的专业企业，下同）对所招用农民工的工资支付负直接责任，不得以工程款未到位等为由克扣或拖欠农民工工资，不得将合同应收工程款等经营风险转嫁给农民工。

三是推行银行代发工资制度。推动各类企业委托银行代发农民工工资。依照《劳动合同法》和其他有关规定，用人单位应当每月至少发放一次劳动报酬；超过用人单位与劳动者约定的支付工资的时间发放工资的即构成拖欠劳动者劳动报酬的违法行为，应当依照劳动法和其他有关法律法规承担一定的法律责任。在工程建设领域，鼓励实行分包企业农民工工资委托施工总承包企业直接代发的办法。分包企业负责为招用的农民工申办银行个人工资账户并办理实名制工资支付银行卡，按月考核农民工工作量并编制工资支付表，经农民工本人签字确认后，交施工总承包企业委托银行通过其设立的农民工工资（劳务费）专用账户直接将工资划入农民工个人工资账户。

四是建立工资支付保障制度。依照《劳动合同法》第 38 条和第 85 条的规定，不支付或者未足额支付劳动报酬的，构成“克扣”劳动者工资的行为，劳动者可以解除劳动合同；劳动行政部门可以责令其支付，如果用人单位逾期未支付，还可责令其按应付金额的 50% 以上 100% 以下的标准向劳动者加付赔偿金。另外，《劳动合同法》第 30 条第 2 款也规定：“用人单位拖欠或者未足额支付劳动报酬的，劳动者可以依法向当地人民法院申请支付令，人民法院应当依法发出支付令。”在工程建设领域，实行人工费用与其他工程款分账管理制度，推动农民工工资与工程材料款等相分离。施工总承包企业应分解工程价款中的人工费用，在工程项目所在地银行开设农民工工资（劳务费）专用账户，专项用于支付农民工工资。建设单位应按照工程承包合同约定的比例或施工总承包企业提供的人工费用数额，将应付工程款中的人工费单独拨付到施工总承包企业开设的农民工工资（劳务费）专用账户。农民工工资（劳务费）专用账户应向人力资源社会保障部门和交通、水利等工程建设项目主管部门备案，并委托开户银行负责日常监管，确保专款专用。开户银行发现账户资金不足、被挪用等情况，应及时向人力资源社会保障部门和交通、水利等工程建设项目主管部门报告。

五是推进企业工资支付诚信体系建设。完善企业守法诚信管理制度。将劳动用工、工资支付情况作为企业诚信评价的重要依据，实行分类分级动态监管。建立拖欠工资企业“黑名单”制度，定期向社会公开有关信息。人力资源社会保障部门要建立企业拖欠工资等违法信息的归集、交换和更新机制，将查处的企业拖欠工资情况纳入人民银行企业征信系统、工商部门企业信用信息公示系统、住房城乡建设等行业主管部门诚信信息平台或政府公共信用信息服务平台。推进相关信用信息系统互联互通，实现对企业信用信息互认共享。

建立健全企业失信联合惩戒机制。加强对企业失信行为的部门协同监管和联合惩戒，对拖欠工资的失信企业，由有关部门在政府资金支持、政府采购、招投标、生产许可、履约担保、资质审核、融资贷款、市场准入、评优评先等方面依法依规予以限制，使失信企业在全国范围内“一处违法、处处受限”，提高企业失信违法成本。

六是改进建设领域工程款支付管理和用工方式。加强建设资金监管。在工程建设领域推行工程款支付担保制度，采用经济手段约束建设单位履约行为，预防工程款拖欠。加强对政府投资工程项目的管理，对建设资金来源不落实的政府投资工程项目不予批准。政府投资项目一律不得以施工企业带资承包的方式进行建设，并严禁将带资承包有关内容写入工程承包合同及补充条款。

规范工程款支付和结算行为。全面推行施工过程结算，建设单位应按合同约定的计量周期或工程进度结算并支付工程款。工程竣工验收后，对建设单位未完成竣工结算或未按合同支付工程款且未明确剩余工程款支付计划的，探索建立建设项目抵押偿付制度，有效解决拖欠工程款问题。对长期拖欠工程款结算或拖欠工程款的建设单位，有关部门不得批准其新项目开工建设。

改革工程建设领域用工方式。加快培育建筑产业工人队伍，推进农民工组织化进程。鼓励施工企业将一部分技能水平高的农民工招用为自有工人，不断扩大自有工人队伍。引导具备条件的劳务作业班组向专业企业发展。

实行施工现场维权信息公示制度。施工总承包企业负责在施工现场醒目位置设立维权信息告示牌，明示业主单位、施工总承包企业及所在项目部、分包企业、行业监管部门等基本信息；明示劳动用工相关法律法规、当地最低工资标准、工资支付日期等信息；明示属地行业监管部门投诉举报电话和劳动争议调解仲裁、劳动保障监察投诉举报电话等信息，实现所有施工场地全覆盖。

七是严厉查处拖欠工资行为。加强工资支付监察执法，扩大日常巡视检查和书面材料审查覆盖范围，推进劳动保障监察举报投诉案件省级联动处理机制建设，加大拖欠农民工工资举报投诉受理和案件查处力度。完善多部门联合治理机制，深入开展农民工工资支付情况专项检查。健全地区执法协作制度，加强跨区域案件执法协作。完善劳动保障监察行政执法与刑事司法衔接机制，健全劳动保障监察机构、公安机关、检察机关、审判机关间信息共享、案情通报、案件移送等制度，推动完善人民检察院立案监督和人民法院及时财产保全等制度。对恶意欠薪涉嫌犯罪的，依法移送司法机关追究刑事责任，切实发挥刑法对打击拒不支付劳动报酬犯罪行为的威慑作用。

依据：《劳动法》《劳动合同法》《国务院办公厅关于全面治理拖欠农民工工资问题的意见》

2 农民工可以直接凭欠条向法院提起诉讼吗？

为方便农民工依法追索工资，《最高人民法院关于审理劳动争议案件适用法律问题的解释（一）》第15条明确规定，劳动者以用人单位的工资欠条作为证据可以直接向人民法院起诉，诉讼请求不涉及劳动关系其他争议的，视为拖欠劳动报酬争议，按照普通民事纠纷受理。劳动者以单位的工资欠条作为证据直接向人民法院起诉的行为，已经不是劳动争议纠纷而是明确的债权债务之诉。值得注意的是：这里所谓的“诉讼请求不涉及劳动关系其他争议的”，实际上剔除了农民工索要赔偿金的诉讼请求。也就是说，农民工如果要获得赔偿金，按法律规定，必须由劳动保障行政部门责令用人单位向劳动者加付赔偿金，而不能直接向人民法院起诉。

现实生活中，一些用人单位有能力支付工资而拒不支付，致使劳动者为此耗费大量时间、精力，有的甚至因为拖欠行为造成生活十分困难。如果不向劳动者支付赔偿金，将不能弥补劳动者的损失，劳动者的合法权益得不到完全保护，也不利于杜绝侵犯劳动者合法权益事件的发生和惩戒用人单位的违法行为。而且根据《劳动合同法》第85条的规定，用人单位拖欠劳动者工资，劳动行政部门可责令其限期支付；如其逾期仍不支付，劳动行政部门可责令用人单位按应付金额50%以上100%以下的标准向劳动者加付赔偿金。由此可见，尽管农民工可以直接凭欠条向法院提起诉讼，但若想获得尽可能多的赔偿，还是应当先由劳动保障行政部门处理。

另外，《劳动合同法》第30条第2款还规定："用人单位拖欠或者未足额支付劳动报酬的，劳动者可以依法向当地人民法院申请支付令，人民法院应当依法发出支付令。"根据《民事诉讼法》的有关规定，劳动者在申请书中应当写明请求给付劳动报酬的金额和所根据的事实、证据；劳动者提出申请后，人民法院应当在5日内通知其是否受理；人民法院受理申请后，经审查劳动者提供的事实、证据，对工资债权债务关系明确、合法的，应当在受理之日起15日内向用人单位发出支付令；人民法院经审查认为劳动者的申请不成立的，可以裁定予以驳回；用人单位应当自收到支付令之日起15日内清偿债务，或者向人民法院提出书面异议；用人单位在规定的期间不提出异议又不履行支付令的，劳动者可以向人民法院申请执行；人民法院收到用人单位提出的书面异议后，应当裁定终结支付令这一督促程序，支付令自行失效，支付令失效的，转入诉讼程序，但申请支付令的一方当事人不同意提起诉讼的除外。劳动者也可以依据有关法律的规定提出调解、仲裁或者起诉。支付令制度也是手持欠条的农民工可以选择的一项简便易行的法律手段。

依据：《劳动合同法》第30条；《最高人民法院关于审理劳动争议案件适用法律问题的解释（一）》第15条；《民事诉讼法》第十七章

3 如何确定因劳务派遣而发生的争议中的当事人？

因劳务派遣发生劳动争议的，劳动者向谁提起诉讼呢？按照劳务派遣的性质和涉及的用人单位（派遣单位）、用工单位、劳动者三方关系，司法实践一般认为，劳动者因履行劳动力派遣合同产生劳动争议而起诉，以派遣单位为被告；争议内容涉及接受单位的，以派遣单位和接受单位为共同被告。

用工单位违反法律规定，其行为损害到被派遣者的权益时，根据《劳动合同法》第92条的规定由劳务派遣单位和用工单位承担连带赔偿责任。

依据：《劳动合同法》第92条

4 法律规定的解决劳动争议的途径主要有哪些？

根据《劳动争议调解仲裁法》第4条规定，发生劳动争议，劳动者可以与用人单位协商，也可以请工会或者第三方共同与用人单位协商，达成和解协议。第5条规定，发生劳动争议，当事人不愿协商、协商不成或者达成和解协议后不履行的，可以向调解组织申请调解；不愿调解、调解不成或者达成调解协议后不履行的，可以向劳动争议仲裁委员会申请仲裁；对仲裁裁决不服的，除本法另有规定的外，可以向人民法院提起诉讼。第9条规定，用人单位违反国家规定，拖欠或者未足额支付劳动报酬，或者拖欠工伤医疗费、经济补偿或者赔偿金的，劳动者可以向劳动行政部门投诉，劳动行政部门应当依法处理。

因此，发生劳动争议后，可以通过协商、调解、仲裁和诉讼四种途径解决劳动争议，除此之外，还可以向有关部门投诉，要求有关部门依法处理。

需要注意的是，在这些解决劳动争议的途径中，提起诉讼必须以先进行仲裁为前提条件，但是对用人单位来说，根据《劳动争议调解仲裁法》第47条进行的仲裁裁决为终局裁决，用人单位不服的不得起诉，只能根据该法的第49条规定向人民法院申请撤销裁决。

依据：《劳动争议调解仲裁法》第4、5、9条

5 发生劳动争议后，劳动者该如何与用人单位协商？

劳动争议的协商是解决劳动争议的一种形式，一般也是解决劳动争议的第一个环节。发生劳动争议后，由当事人双方进行协商和解，有利于促进劳动争议在比较平和的气氛中得到解决，防止矛盾激化，使劳动关系和谐稳定。

但是，劳动者与用人单位相比，通常处于弱势地位，如果单纯由劳动者与用人单位进行协商和解，双方由于存在地位上的不平衡性，通常很难达成和解协议，为此，《劳动争议调解仲裁法》第4条规定，发生劳动争议，劳动者可以与用人单位协商，也可以请工

会或者第三方共同与用人单位协商，达成和解协议。

依据：《劳动争议调解仲裁法》第 4 条

6 发生劳动争议后，在调解、仲裁的过程中，证明责任谁来承担？

举证责任又称证明责任，是指当事人对自己提出的主张，有提出证据并加以证明的责任。如果当事人未能尽到上述责任，则有可能承担对其不利的法律后果。将举证责任引入劳动争议处理的调解、仲裁阶段，发挥举证责任的法律功能，是完全必要的。

为此，《劳动争议调解仲裁法》第 6 条规定，发生劳动争议，当事人对自己提出的主张，有责任提供证据。与争议事项有关的证据属于用人单位掌握管理的，用人单位应当提供；用人单位不提供的，应当承担不利后果。

根据上面第 6 条的规定，《劳动争议调解仲裁法》基本上坚持了“谁主张，谁举证”的举证责任承担的一般原则，但是基于举证责任分配的公平原则，对用人单位的举证责任作了特殊规定，即在一定程度上规定了用人单位的举证责任倒置情形。

举证责任的倒置，是指在某些特殊情况下，由于案件事实的特殊性，法律在确定举证的顺序时，免除了由原告对其主张的事实首先进行举证的责任，而确定由被告承担举证责任，是举证责任分配中的一种特殊情况。需要注意的是，用人单位的举证责任倒置，仅仅是涉及“与争议事项有关的证据属于用人单位掌握管理的”情况。

依据：《劳动争议调解仲裁法》第 6 条

7 发生争议的劳动者人数众多时，推举代表人参加诉讼活动应遵循哪些规定?

根据《民事诉讼法》第53条规定，当事人一方人数众多的共同诉讼，可以由当事人推选代表人进行诉讼。代表人的诉讼行为对其所代表的当事人发生效力，但代表人变更、放弃诉讼请求或者承认对方当事人的诉讼请求，进行和解，必须经被代表的当事人同意。注意，人数众多一般指十人以上。

代表人产生的方式是：当事人一方人数众多在起诉时确定的，可以由全体当事人推选共同的代表人，也可以由部分当事人推选自己的代表人；推选不出代表人的当事人，在必要的共同诉讼中可由自己参加诉讼，在普通的共同诉讼中可以另行起诉。如果当事人一方人数众多在起诉时不确定的，由当事人推选代表人。当事人推选不出的，可以由人民法院提出人选与当事人协商；协商不成的，也可以由人民法院在起诉的当事人中指定代表人。

另外，诉讼代表人的人数为2人至5人，每位代表人可以委托1人至2人作为诉讼代理人。

依据：《民事诉讼法》第53条；《最高人民法院关于适用〈中华人民共和国民事诉讼法〉的解释》第75－78条

8 劳动者对于用人单位的哪些违法行为可以直接向劳动行政部门投诉?

有很多劳动争议案件涉及用人单位违反国家规定，拖欠或者未足额支付劳动报酬、工伤医疗费、经济补偿或者赔偿金等行为，其中不少案件事实清楚，双方对案件的事实不存在争议，但就是以各种理由拖着不支付，对此类案件，由于事实清楚，为了缩短劳动争议处理的时间，节约成本和精力，劳动者不必再走调解、仲裁再诉讼的劳动争议处理程序，可以直接向劳动行政部门进行投诉，由劳动行政部门依法进行处理。所以《劳动争议调解仲裁法》第9条规定，用人单位违反国家规定，拖欠或者未足额支付劳动报酬，或者拖欠工伤医疗费、经济补偿或者赔偿金的，劳动者可以向劳动行政部门投诉，劳动行政部门应当依法处理。

依据：《劳动争议调解仲裁法》第9条

9 发生劳动争议后当事人可以到哪些调解组织申请调解？

健全劳动争议调解组织，是充分发挥劳动争议调解作用的重要方面。根据《劳动争议调解仲裁法》第10条的规定，发生劳动争议，当事人可以到下列调解组织申请调解：（1）企业劳动争议调解委员会；（2）依法设立的基层人民调解组织；（3）在乡镇、街道设立的具有劳动争议调解职能的组织。企业劳动争议调解委员会由职工代表和企业代表组成。职工代表由工会成员担任或者由全体职工推举产生，企业代表由企业负责人指定。企业劳动争议调解委员会主任由工会成员或者双方推举的人员担任。

依据：《劳动争议调解仲裁法》第10条

10 申请劳动争议仲裁的时效期间是多久？

劳动争议仲裁时效，是指当事人因劳动争议纠纷要求保护其合法权利，必须在法定的期限内向劳动争议仲裁委员会提出仲裁申请，否则，法律规定消灭其申请仲裁权利的一种时限制度。《劳动争议调解仲裁法》第27条第1款规定，劳动争议申请仲裁的时效期间为一年。仲裁时效期间从当事人知道或者应当知道其权利被侵害之日起计算。

依据：《劳动争议调解仲裁法》第27条第1款

11 什么是劳动争议仲裁时效期间的中断？中断的法定事由有哪些？有何法律后果？

仲裁时效的中断，是指在仲裁时效进行期间，因发生法定事由致使已经经过的仲裁时效期间统归无效，待时效中断事由消除后，重新开始计算仲裁时效期间。根据《劳动争议调解仲裁法》第27条第2款规定，仲裁时效，因当事人一方向对方当事人主张权利，或者向有关部门请求权利救济，或者对方当事人同意履行义务而中断。从中断时起，仲裁时效期间重新计算。

依据：《劳动争议调解仲裁法》第27条第2款

12 什么是劳动争议仲裁时效期间的中止？中止的法定事由有哪些？有何法律后果？

仲裁时效的中止，是指在仲裁时效进行中的某一阶段，因发生法定事由致使权利人不能行使请求权，暂停计算仲裁时效，待阻碍时效进行的事由消除后，继续进行仲裁时效期间的计算。根据《劳动争议调解仲裁法》第 27 条第 3 款的规定，因不可抗力或者有其他正当理由，当事人不能在规定的仲裁时效期间申请仲裁的，仲裁时效中止。从中止时效的原因消除之日起，仲裁时效期间继续计算。

依据：《劳动争议调解仲裁法》第 27 条第 3 款

13 什么情况下适用劳动争议仲裁的特别时效？

《劳动争议调解仲裁法》第 27 条第 4 款规定，劳动关系存续期间因拖欠劳动报酬发生争议的，劳动者申请仲裁不受一般仲裁时效期间的限制；但是，劳动关系终止的，应当自劳动关系终止之日起一年内提出。

依据：《劳动争议调解仲裁法》第 27 条第 4 款

14 如何申请劳动争议仲裁？

《劳动争议调解仲裁法》第 28 条第 1、3 款规定，申请人申请仲裁应当提交书面仲裁申请，并按照被申请人人数提交副本。书写仲裁申请确有困难的，可以口头申请，由劳动争议仲裁委员会记入笔录，并告知对方当事人。

依据：《劳动争议调解仲裁法》第28条第1、3款

15 劳动争议仲裁申请书应当包括哪些内容？

《劳动争议调解仲裁法》第28条第2款规定，仲裁申请书应当载明下列事项：

（1）劳动者的姓名、性别、年龄、职业、工作单位和住所，用人单位的名称、住所和法定代表人或者主要负责人的姓名、职务；

（2）仲裁请求和所根据的事实、理由；

（3）证据和证据来源、证人姓名和住所。

依据：《劳动争议调解仲裁法》第28条第2款

16 什么是一裁终局？对于哪些劳动争议仲裁裁决实行一裁终局？

一裁终局制度是劳动争议经仲裁庭裁决后即行终结，裁决书自作出之日起发生法律效力，当事人不得就同一争议事项再向仲裁委员会申请仲裁或向法院起诉的制度。

《劳动争议调解仲裁法》第47条规定，下列劳动争议，除本法另有规定的外，仲裁裁决为终局裁决，裁决书自作出之日起发生法律效力：

（1）追索劳动报酬、工伤医疗费、经济补偿或者赔偿金，不超过当地月最低工资标准十二个月金额的争议；

（2）因执行国家的劳动标准在工作时间、休息休假、社会保险等方面发生的争议。

另外，在司法实践中，一是劳动报酬主要包括以下分项：①计时（件）工资（含病假工资、停工留薪期工资、基本生活费等特殊情况下支付的工资）以及与该分项相关联的经济补偿金或赔偿金；②奖金以及与该分项相关联的经济补偿金或赔偿金；③津贴和补贴以及与该分项相关联的经济补偿金或赔偿金；④加班工资以及与该分项相关联的经济补偿金或赔偿金。二是工伤医疗费主要包括：挂号费、检查费、治疗费、化验费、手术费、住院费、药费、住院伙食补助费、跨统筹地区就医的食宿费、交通费或者与工伤职业病治疗有关的费用等。三是经济补偿金主要包括以下分项：①解除/终止劳动合同的经济补偿金；②未提前三十日书面通知解除劳动合同的一个月工资；③未休带薪年休假工资报酬差额；④竞业限制补偿金。四是赔偿金主要包括以下分项：①违法解除/终止劳动合同的赔偿金；②未提前三十日书面通知终止劳动合同的赔偿金；③未签订书面劳动合同的二倍工资差额；④违法约定试用期的赔偿金。

依据：《劳动争议调解仲裁法》第 47 条

17 对实行一裁终局的劳动争议，劳动者不服的还有哪些救济途径？

由于劳动者在劳动关系中通常处于弱势一方，所以对于一裁终局，劳动者应有救济途径。救济途径可以有多种方式，使劳动者行使救济权利时更方便，因此，《劳动争议调解仲裁法》第 48 条规定，劳动者对一裁终局的劳动争议的仲裁裁决不服的，可以自收到仲裁裁决书之日起十五日内向人民法院提起诉讼。

依据：《劳动争议调解仲裁法》第48条

18 对一裁终局以外的其他劳动争议，当事人不服仲裁裁决的该如何处理？

除一裁终局的情况外，“一调一裁两审”是劳动争议处理的一般模式。采取一般模式处理劳动争议的情况下，有必要注意仲裁与诉讼的衔接。根据《劳动争议调解仲裁法》第50条的规定，当事人对一裁终局以外的其他劳动争议案件的仲裁裁决不服的，可以自收到仲裁裁决书之日起15日内向人民法院提起诉讼；期满不起诉的，裁决书发生法律效力。

依据：《劳动争议调解仲裁法》第50条

19 劳动争议双方当事人解决劳动争议的途径有哪些？它们之间有先后顺序的限制吗？

劳动者与用人单位发生劳动争议，可按照以下几种方式解决：

（1）双方自行协商解决。当事人在自愿的基础上进行协商，达成协议。

（2）调解程序。双方不愿自行协商或达不成协议的，可自愿申请劳动争议调解组织调解，从当事人提出申请之日起，仲裁申诉时效中断。自劳动争议调解组织收到调解申请之日起15日内未达成调解协议的，当事人可以依法申请仲裁。

（3）仲裁程序。当事人一方或双方均可在法定期限1年内（自当事人知道或者应当知道其权利被侵害之日起算）向劳动争议仲裁委员会申请仲裁。仲裁庭应当先行调解，调解不成的，作出裁决。对于一裁终局的案件，劳动者对仲裁裁决不服的，可以自收到仲裁裁决书之日起15日内向人民法院提起诉讼；用人单位有证据证明仲裁裁决有法定违法情形的，可以自收到仲裁裁决书之日起三十日内向劳动争议仲裁委员会所在地的中级人民法院申请撤销裁决。当事人对发生法律效力的调解书、裁决书，应当依照规定的期限履行。一方当事人逾期不履行的，另一方当事人可以依照民事诉讼法的有关规定向人民法院申请执行。受理申请的人民法院应当依法执行。该程序是人民法院处理劳动争议的前置程序，也就是说，人民法院不直接受理没有经过仲裁程序的劳动争议案件。

（4）诉讼程序。当事人对仲裁裁决不服的，在规定的期限内，可以向基层人民法院起诉。人民法院按照民事诉讼程序进行审理，实行两审终审制。法院审判程序是劳动争议处理的最终程序。

在以上处理劳动争议的程序中，自行协商和调解不是当事人处理劳动争议的必经程序，仲裁程序才是人民法院受理劳动争议案件的必经程序。

依据：《劳动争议调解仲裁法》

20 申请劳动争议仲裁需要交纳费用吗？劳动诉讼需要交纳费用吗？

劳动争议仲裁不收费。劳动争议仲裁委员会的经费由财政予以保障。但是劳动诉讼要交纳费用，费用很低，每件10元。

依据：《劳动争议调解仲裁法》第53条；《诉讼费用交纳办法》第13条

21 劳动诉讼的一般程序是什么样的?

通常情况下，劳动争议当事人不服劳动争议仲裁委员会的裁决，在规定的期限内向人民法院起诉，人民法院依照民事诉讼程序，依法对劳动争议案件进行审理的活动叫作劳动诉讼。

劳动诉讼的基本程序为：起诉受理→审理与裁决→执行。重点注意以下环节：

一是起诉必须符合下列条件：(1) 原告是与本案有直接利害关系的公民、法人和其他组织；必须是劳动争议的一方当事人。(2) 有明确的被告；即劳动者要知道告的是哪个用人单位。(3) 有具体的诉讼请求和事实、理由；具体的诉讼请求是指原告向人民法院提起诉讼所要求解决的问题；事实、理由指劳动争议是如何发生的、争议的内容、与争议相关的证据事实，即能证明劳动争议案件的初步证据材料。(4) 劳动争议案件必须经劳动争议仲裁机关仲裁；只有先向劳动争议仲裁机关申请仲裁后，不服仲裁裁决的，才能起诉。(5) 属于受诉人民法院管辖。一般而言，由用人单位所在地或劳动合同履行地的基层人民法院管辖，劳动合同履行地不明确的，则由用人单位所在地的基层人民法院管辖。(6) 劳动者起诉应当向人民法院递交起诉状，并按照被告人数提交副本；应预交案件受理费，按法院的要求提供必须提供的诉讼材料。

二是举证。当事人应详细阅读法院送达的《举证通知书》，并按照其规定全面地向法院提供认为可以证明其主张或反驳对方的证据材料等证据。

三是庭审。劳动者要按时出庭。各方当事人必须按照规定时间参加庭审，不按规定时间参加庭审，很有可能承担不利于自己的后果。

四是上诉。一审人民法院的判决书、裁定书送达后，当事人不服地方人民法院第一审判决的，有权在判决书送达之日起十五日内向上一级人民法院提起上诉。当事人不服地方人民法院第一审裁定的，有权在裁定书送达之日起十日内向上一级人民法院提起上诉。第二审人民法院的判决、裁定，是终审的判决、裁定。

五是申请再审。当事人对已经发生法律效力的判决、裁定，认为有错误的，可以向上一级人民法院申请再审。当事人申请再审的，不影响判决、裁定的执行。当事人申请再审，应当在判决、裁定发生法律效力后六个月内提出；但是存在新的证据，足以推翻原判决、裁定的，原判决、裁定认定事实的主要证据是伪造的，据以作出原判决、裁定的法律文书被撤销或者变更的，审判人员审理该案件时有贪污受贿，徇私舞弊，枉法裁判行为等情形的，自知道或者应当知道之日起六个月内提出。

依据：《中华人民共和国民事诉讼法》

典型案例

案例1　如何判断申请仲裁是否超过时效

基本案情

小王在甲市一家物业公司打工，在职工作5年。2017年3月，由于小王和物业公司之间发生一些不愉快，物业公司提出解除与小王之间的劳动合同。正好小王有一个到乙市收入更高的企业工作的机会，就此便与该物业公司协议解除劳动合同，随即便去了乙市，因而一直未向物业公司主张经济补偿。2018年7月，小王离开乙市又回到了甲市找工作，要求物业公司支付经济补偿，物业公司不同意，双方因此发生纠纷。

案例解读

本案属于用人单位提出、双方协商一致解除劳动合同，根据《劳动合同法》的规定，物业公司依法应当向小王支付经济补偿。但小王因到别的城市打工导致其在离职后一年多时间才申请仲裁，按照《劳动争议调解仲裁法》第27条的规定，申请劳动仲裁的时效期间为一年，而小王申请劳动仲裁时已超过仲裁时效。其身在别的城市不能回甲市，不属于法律规定的因不可抗力或其他正当理由，因此小王的诉求不会得到支持。

案例2　法律规定内的小标的额劳动争议案件实行一裁终局

基本案情

丁某于2014年3月1日入职公司，从事网络送餐工作，双方订立了为期3年的劳动合同，约定月工资为底薪4000元加提成。2015年10月31日，公司以“业绩太差”为由与丁某解除劳动合同。丁某提出劳动仲裁申请，要求该公司支付违法解除劳动合同的赔偿金2万元及工作期间休息日加班费4万元。

仲裁审理后认为，该公司解除劳动合同不符合法律规定，构成违法解除，且丁某存在休息日加班的事实，公司应向丁某支付休息日加班费。因双方当事人未能达成调解协议，最终仲裁委裁决公司向丁某支付违法解除劳动合同的赔偿金2万元及休息日加班费1.8万元，且该裁决属于一裁终局裁决。

案例解读

根据《劳动争议调解仲裁法》第47条的规定，因追索劳动报酬、工伤医疗费、经济补偿或者赔偿金，不超过当地月最低工资标准十二个月金额的争议，以及因执行国家的劳动标准在工作时间、休息休假、社会保险等方面发生的争议，仲裁委所作的仲裁裁决为终局裁决，该裁决书自作出之日起发生法律效力。

劳动者通过终局裁决，可大大缩短维权时间，尽早实现自己的权益。用人单位对仲裁终局裁决不服的，只能向仲裁委所在地的中级人民法院申请撤销裁决。因只有在适用法律、法规确有错误的、劳动争议仲裁委员会无管辖权、违反法定程序的等几种法定情形下仲裁终局裁决才可能被撤销，故实践中被撤销的仲裁裁决比例极低。但是劳动者应当善于运用终局裁决的规则，在提出仲裁申请时尽量按照终局裁决的要求范围提出仲裁申请，类似精神损失费、赔礼道歉等不属于劳动仲裁受案范围的请求，尽量不要提，以免不但得不到支持，反而影响自己权益的及时维护。

案例3 劳动争议纠纷案件中的举证责任

基本案情

闵某系河北人，于2017年8月24日到济南市某公司工作，任销售员。双方签订了自2017年8月24日起到2018年8月23日止的劳动合同，约定：闵某月工资标准为2400元，试用期从2017年8月24日至2017年11月23日，试用期工资每月2200元。2017年11月22日，济南市某公司以闵某“无法胜任销售工作，且多次不服从领导安排”为由，提出与闵某解除劳动合同，闵某就此离开公司。但是该公司并没有向闵某支付其2017年10月24日至2017年11月22日的工资。闵某后来多次向该公司索要工资，但均被以各种理由拒绝。后闵某委托律师作为代理人；在律师的帮助、指点之下取得有力证据之后，向区劳动争议仲裁委员会提起仲裁申请，要求济南市某公司支付未付工资2400元；支付违法解除劳动合同的赔偿金。在开庭审理过程中，被申请人济南市某公司辩称：申请人闵某无法胜任销售工作，不服从领导工作安排，给公司造成损失，故我公司依据《劳动合同法》第39条之规定与申请人解除劳动合同；被申请人解除劳动合同于法有据。

后仲裁裁决，济南市某公司支付闵某2017年10月24日至

2017 年 11 月 22 日的工资 2320 元并支付赔偿金。

案例解读

在本案中，济南市某公司与闵某签订了期限为 1 年的劳动合同，根据法律规定，其试用期不得超过两个月，而双方约定的试用期违反了法律规定，因此至 2017 年 10 月 23 日，该劳动合同的试用期就已经结束。闵某 2017 年 10 月 24 日至 2017 年 11 月 22 日的工资标准应当为每月 2400 元，而不再是试用期的每月 2200 元。劳动争议仲裁委员会裁决被申请人向申请人支付工资 2320 元，是因为仲裁委认为申请人闵某 2017 年 11 月 23 日就不再上班，故这天的工资应当扣除。

用人单位辩称劳动者“无法胜任销售工作，且多次不服从领导安排”，依据《劳动合同法》第 39 条规定解除与劳动者的劳动合同；在此，用人单位需要对劳动者“不能胜任工作”等情况承担举证责任。

用人单位不得任意以劳动者违反单位规章制度、不能胜任工作等为由解除劳动合同。用人单位必须对上述理由所涉事实承担举证责任，不能够提出充分有效的证据予以证明的，其解除劳动合同的决定则是无效的，属于违法解除劳动合同，劳动者有权要求用人单位按照经济补偿金的二倍支付赔偿金。

案例 4　哪些劳动争议案件可先予执行？

基本案情

28 岁的王某是某建筑公司的员工，该建筑公司没有为王某缴纳工伤保险。工作虽然比较辛苦，但是王某很满意。某日工程队施工时，王某不慎从施工建筑上掉下来摔成重伤，妻子取出家里仅有的积蓄为王某支付了抢救费。王某度过危险期后，因家中无力再继续支付治疗费，医院停止了对王某的手术治疗。由于王某右腿是粉碎性骨折，如果不及时手术，很容易留下后遗症。情急之下，王某的妻子来到公司寻求帮助，希望建筑公司尽快提供医疗费，但是遭到公司的拒绝。

王某得知情况后，委托其妻子到当地劳动争议仲裁委员会申请仲裁，要求建筑公司支付医疗费、生活费，以及工作期间的加班费、奖金等。在仲裁审理过程中，医院发出通知：如果王某不能及时支付医疗费，医院将停止治疗。这样会导致王某因错过治疗时机而终身残废。王某的妻子赶紧来到仲裁委员会，提交医院的通知书，希望仲裁委员会能够裁定公司先行支付医疗费用。

仲裁委员会认为，本案属于追索工伤医疗费的案件性质，当事人王某与某建筑公司之间的权利义务关系明确，不先予执行将严重威胁到当事人的生活。由此，仲裁庭在王某医疗期未满的情况下，对王某的医疗费问题作出先予执行的裁决，要求建筑公司先行支付王某的医疗费，并移送人民法院执行。待王某的医疗期满后，再依法定程序进行伤残程度等级鉴定等争议处理。

案例解读

《劳动争议调解仲裁法》第 44 条规定：“仲裁庭对追索劳动报酬、工伤医疗费、经济补偿或者赔偿金的案件，根据当事人的申请，可以裁决先予执行，移送人民法院执行。仲裁庭裁决先予执行的，应当符合下列条件：（一）当事人之间权利义务关系明确；（二）不先予执行将严重影响申请人的生活。劳动者申请先予执行的，可以不提供担保。”

当事人申请先予执行只限于特定的劳动争议案件，对于追索劳动报酬、工伤医疗费、经济补偿或者赔偿金的案件，仲裁庭可以裁决先予执行。其他类型的劳动争议案件不适用先予执行。但应注意的是，即使劳动争议案件属于先予执行的劳动争议案件范围，仲裁庭也不会主动作出先予执行的裁决，只有当事人提出申请，仲裁庭才能作出先予执行的裁决。先予执行带有强制性，仲裁庭不能直接采取先予执行措施，仲裁庭可以裁决先予执行，最终还是要移送人民法院执行。

CHAPTER

第六章

相关权益与救济途径

背井离乡的务工人员是流动在城乡之间的特殊群体，正是这种流动性，使得这一群体在城市里除了劳动权益需要保障以外，其土地承包权益、子女就学权益，甚至家庭婚姻权益都存在着极需要保障的情形。

1 农民工维护劳动权益可以请求法律援助吗？在什么情况下可以申请法律援助？

公民因经济困难没有委托代理人的，可以向法律援助机构申请法律援助。申请法律援助的事项包括但不限于：依法请求国家赔偿的；请求给予社会保险待遇或者最低生活保障待遇的；请求发给抚恤金、救济金的；请求给付赡养费、抚养费、扶养费的；请求支付劳动报酬的；主张因见义勇为行为产生的民事权益的。也就是说，只要符合了两个要求：参与诉讼因经济困难没有委托代理人、涉及事项符合法律的要求，即可以申请法律援助。

依据：《法律援助条例》第10条

2 农民工可以参加工会组织吗？

可以。

在我国境内的企业、事业单位、机关中以工资收入为主要生活来源的体力劳动者和脑力劳动者，不分民族、种族、性别、职业、宗教信仰、教育程度，都有依法参加和组织工会的权利。农民工作为以工资收入为主要生活来源的劳动者符合《工会法》对于会员的要求，因此可以参加工会组织。任何组织和个人不得加以阻挠和限制。

依据：《工会法》第3条

3 如何保障外出务工农民的土地承包经营权？

农村富余劳动力外出就业多是兼业性转移，土地仍然是其最基本的生活保障。长期稳定农村土地承包关系，形成农民在城乡之间“双向流动”的就业机制，是保持农村乃至整个社会稳定的基础。按照《农村土地承包法》的规定，不得在承包期内收回或调整农民的承包地。但是，承包期内，承包农户进城落户的，引导支持其按照自愿有偿原则依法在本集体经济组织内转让土地承包经营权或者将承包地交回发包方，也可以鼓励其流转土地经营权。

依据：《农村土地承包法》第 27 条

4 农民工有劳动权益方面的疑问，是否有提供公益帮助的途径？

2003 年，原劳动和社会保障部申请开通了全国劳动保障电话咨询服务专用号码“12333”，之后下发了《关于开展劳动保障电话咨询服务的通知》（劳社部函［2003］84 号）、《劳动保障电话咨询服务系统建设指导意见》（劳社信息函［2004］13 号），对各级电话咨询服务系统建设提出了明确要求。人力资源社会保障部组建后，下发了《关于继续使用全国性公益服务号码 12370 与 12333 的通知》（人社信息函［2009］35 号），明确 12333 用于向社会公众提供人力资源和社会保障公共服务。

农民朋友在打工过程中遇到任何劳动纠纷和劳动保障方面的法律问题，都可以拨打当地热线电话反映自己的情况，寻求来自政府部门免费提供的相应支持和帮助。

另外，2018年5月，由司法部建设的中国法律服务网（12348中国法网）正式上线运行。该平台整合了38万多家法律服务机构、139万多名法律服务人员数据，提供法律事务咨询、法律服务指引、法律法规与案例查询等多种服务。劳动者有法律疑问可以上此网站咨询。

5 国家对解决农民工子女入学问题有什么具体政策和要求？

农民工进城务工后，其子女大致分为两类，一是跟随父母的随迁子女，二是未能进城的留守儿童，由于不同的生活环境，这两类孩子的教育也不尽相同。

对于随迁子女，根据2008年《国务院关于做好免除城市义务教育阶段学生学杂费工作的通知》，进城务工人员随迁子女接受义务教育要以流入地为主、公办学校为主解决。地方各级人民政府要将进城务工人员随迁子女义务教育纳入公共教育体系，根据进城务工人员随迁子女流入的数量、分布和变化趋势等情况，合理规划学校布局和发展。对符合当地政府规定接收条件的进城务工人员随迁子女，要按照相对就近入学的原则统筹安排在公办学校就读，免除学杂费，不收借读费。地方各级人民政府要按照预算内生均公用经费标准和实际接收人数，对接收进城务工人员随迁子女的公办学校足额拨付教育经费。对接收进城务工人员随迁子女较多、现有教育资源不足的地区，政府要加大教育资源统筹力度，采取切实有效措施，改善学校办学条件，加大对校长和教师配备工作的支持力度，保证学校教育教学的基本需要。

依据：《国务院关于做好免除城市义务教育阶段学生学杂费工作的通知》第2条

6 男女双方什么时候才算建立了婚姻关系？民间的结婚摆酒有没有法律效力？

根据《民法典》第1049条的规定，要求结婚的男女双方必须亲自到婚姻登记机关进行结婚登记。符合法律规定的，予以登记，发给结婚证。完成婚姻登记，即确立婚姻关系。未办理结婚登记的，应当补办登记。

即要求结婚的男女双方必须办理了结婚登记，才是法律上的夫妻，其之间的夫妻关系才受法律的保护。所以，民间所谓的"结婚摆酒"并不是婚姻法意义上的结婚。另外，如果在1994年2月1日民政部《婚姻登记管理条例》公布实施以前，男女双方已经符合结婚实质要件但没有办理结婚登记的，按事实婚姻处理。1994年2月1日民政部《婚姻登记管理条例》公布实施以后，男女双方符合结婚实质要件但没有办理结婚登记的，应该补办结婚登记；未补办结婚登记的，按同居关系处理。

依据：《民法典》第1049条

7 如果对亲子关系存有疑问应该怎么办？

关于亲子关系问题，《民法典》第1073条规定，对亲子关系有异议且有正当理由的，父或者母可以向人民法院提起诉讼，请求确认或者否认亲子关系。对亲子关系有异议且有正当理由的，成年子女可以向人民法院提起诉讼，请求确认亲子关系。另外，要特别注意证明责任问题，根据《最高人民法院关于适用〈中华人民共和国民法典〉婚姻家庭编的解释（一）》第39条的规定：

父或者母向人民法院起诉请求否认亲子关系，并已提供必要证据予以证明，另一方没有相反证据又拒绝做亲子鉴定的，人民法院可以认定否认亲子关系一方的主张成立。

父或者母以及成年子女起诉请求确认亲子关系，并提供必要证据予以证明，另一方没有相反证据又拒绝做亲子鉴定的，人民法院可以认定确认亲子关系一方的主张成立。

依据：《民法典》第1073条；《最高人民法院关于适用〈中华人民共和国民法典〉婚姻家庭编的解释（一）》第39条

典型案例

案例1 外出打工的农民会丧失自己原有的土地承包经营权吗？

基本案情

甲在城市里打工，2016年村里分配土地的时候没有通知他本人就将他们家里四个人的土地分给了其他人。2018年，甲由于身体原因不能继续在城市工作了，但回家后又没有土地，他还有一个儿子在上大学，两个女儿在读高中，家里的经济负担很重。甲想从村里再分到土地，就去找村委会，可村长说现在免农业税了，哪家都不愿意把地分点给甲家，也不肯再进行协调。甲是一筹莫展。

案例解读

村委会这样的做法是违法的。甲一家并没有丧失农业户口，其作为村集体的一员，有权利从村集体的土地里承包属于自己的部分。村委会在分配土地的时候没有通知甲本人就将甲家原本的土地分配给其他人，剥夺了甲的土地承包经营权。农村人口多，农民举家进城是少数，多数是年轻人在城市打工，父母、孩子在农村生活。农民进城就业，他没有足够稳定的时候，还要保留他的承包地。《农村土地承包法》第27条规定，承包期内，发包方不得收回承包地。国家保护进城农户的土地承包经营权。不得以退出土地承包经营权作为农户进城落户的条件。承包期内，承包农户进城落户的，引导支持其按照自愿有偿原则依法在本集体经济组织内转让土地承包经营权或者将承包地交回发包方，也可以鼓励其流转土地经营权。

农民外出务工期间，所承包土地无力耕种的，可委托代耕或可以自主决定依法采取出租（转包）、入股或者其他方式向他人流转土地经营权，并向发包方备案。但是要注意不能撂荒。土地经营权受让方弃耕抛荒连续两年以上的，承包方可单方解除土地经营权流转合同，承包方在合理期限内不解除土地经营权流转合同的，发包方有权要求终止土地经营权流转合同。

案例2　夫妻一方下落不明如何离婚？

基本案情

原告（妻）与被告（夫）于1989年11月26日登记结婚，婚生一子何某现已成家独立生活。原、被告两人感情不和，经常吵架，两人于2002年12月分居生活后，原告在甲镇居住至今。被告于2003年离开居住地外出打工，十几年来音信全无，下落不明。现原告要求与被告解除婚姻关系。

经法院查明，本案原、被告婚后感情一般，且被告离家外出，其间未有任何联系，未尽到丈夫应尽的义务，原、被告之间夫妻关系已名存实亡。原告到庭参加诉讼，被告经公告送达开庭传票，未到庭参加诉讼。现原告提出离婚，依照《民法典》第1079条、《民事诉讼法》的规定准予离婚。

案例解读

当夫妻一方离家外出下落不明时，有两个途径可以解除婚姻关系：

一是直接向人民法院提起离婚诉讼。一方可以向有管辖权的人民法院直接提起离婚诉讼。法院应按照普通民事案件的程序规定进行审理并判决。根据《最高人民法院关于适用〈中华人民共和国民事诉讼法〉的解释》第217条的规定，夫妻一方下落不明，另一方诉至人民法院，只要求离婚，不申请宣告下落不明人失踪或者死亡的案件，人民法院应当受理，对下落不明人公告送达诉讼文书。依据我国《民事诉讼法》第92条第1款规定：“受送达人下落不明，或者用本节规定的其他送达方式无法送达的，公告送达。自发出公告之日起，经过六十日，即视为送达。”法院将诉讼文书通过公告送达的方式送达被告，被告有可能看到，也有可能看不到，无论看到与否，均视为送达，在法院规定的开庭时间内，被告不出庭，不应诉的，法院即可以缺席审理，缺席判决。

二是可以对下落不明人申请宣告失踪或者宣告死亡。根据《民法典》第40条的规定，自然人下落不明满二年的，利害关系人可以向人民法院申请宣告该自然人为失踪人。夫妻中的一方被宣告为失踪人后，另一方再向人民法院提起离婚诉讼的，按照《民法典》

第1079条第4款的规定，法院一般都准予离婚。

根据《民法典》第46条的规定，自然人有下列情形之一的，利害关系人可以向人民法院申请宣告该自然人死亡：（一）下落不明满四年；（二）因意外事件，下落不明满二年。因意外事件下落不明，经有关机关证明该自然人不可能生存的，申请宣告死亡不受二年时间的限制。第51条规定，被宣告死亡的人的婚姻关系，自死亡宣告之日起消除。死亡宣告被撤销的，婚姻关系自撤销死亡宣告之日起自行恢复，但是其配偶再婚或者向婚姻登记机关书面声明不愿意恢复的除外。

图书在版编目（CIP）数据

农民工权益保护一本通 / 舒丹著. —北京：中国法制出版社，2021.4（2022.10 重印）
（乡村振兴法律指导丛书）
ISBN 978 - 7 - 5216 - 1689 - 7

Ⅰ.①农… Ⅱ.①舒… Ⅲ.①民工 - 劳动就业 - 劳动法 - 基本知识 - 中国 Ⅳ.①D922.504

中国版本图书馆 CIP 数据核字（2021）第 040768 号

责任编辑　程思　　　　封面设计　将怡

农民工权益保护一本通

NONGMINGONG QUANYI BAOHU YIBENTONG

著者/舒丹

经销/新华书店

印刷/三河市紫恒印装有限公司

开本/880 毫米 ×1230 毫米　32 开　　　印张/ 6　字数/ 120 千

版次/2021 年 4 月第 1 版　　　2022 年10月第 5 次印刷

中国法制出版社出版

书号 ISBN 978 - 7 - 5216 - 1689 - 7　　　定价：25.00 元

北京西单横二条 2 号

邮政编码 100031　　　传真：010 - 66031119

网址：http：//www.zgfzs.com　　　**编辑部电话：010 - 66066620**

市场营销部电话：010 - 66033393　　　**邮购部电话：010 - 66033288**

（如有印装质量问题，请与本社印务部联系调换。电话：010 - 66032926）